ハイテクの材料王国

技術の源流と未来を出雲・石見・隠岐にさぐる

古代しまね

三原毅［監修］
出川通［著］

言視舎

監修のことば

日本海側エリアは、古代より日本海の海流を介して多くの先進技術や知識が、中国・朝鮮からもたらされる表玄関であり、特に「古代しまね地区（出雲、石見、隠岐とその近傍）」は、その物流の中心として、長く先進地域を担ってきました。これに加えこの地は、金属（銅、銀、鉄）、黒曜石、土器、セラミックスなどの資源王国だったことが、古文書や近年考古学的にも認知され、これに外来の先進技術が結びついて、種々の加工技術や金属製錬技術を担う、高度なエンジニアリングが大規模な産業として、千年以上の長きにわたりこの地域で成功を収めてきたのです。

本書の著者である出川通さんは、私の高校（島根県立出雲高校）と東北大学材料総合学科（金属系学科）さらに同大学院の先輩です。私が東北大での教員時代から、親しく交流いただいています。出川さんは、造船重工会社（三井造船）勤務を経て技術経営コンサルタント業で独立され、その本業に関する著作の他、古代出雲や江戸時代の技術者についての著作も多いという博学ぶりで、多くの大学で講義も担当されています。

監修者は、2023年に新しく設置された島根大学の「材料エネルギー学部」に設置準備段階から関わり、その過程で「なぜ島根大学で材料系新学部なのか」古代しまねの歴史を調べ理論武装する必要に駆られました。ここで出川さんの著作を含め勉強する過程で、古代しまねが極めて長期にわたり、日本の産業に大きな役割を果たしてきたことに改めて気づかされたのです。

ここで得た知識は、新学部設置の文科省や関係者への説明にも使わせていただきましたし、島根大学に関わる教員・学生のアイデンティティ形成にも有用と確認しました。また広報の過程で全国の多くの方々も、古代しまねの素材産業のお話に興味を持っていただけることを実感しました。

そこで出川さんに「古代しまね地方の各種素材（金属・セラミックス）製造・加工技術の歴史」について、知見を整理いただき、それらを解説する本が作れないかとご相談する中で執筆いただいたのが本書です。

このように本書は、古代しまね地方とそこの材料資源と技術内容・源流などについて、一般の方にもわかりやすく説かれています。島根在住・出身、また島根近郊の方々には、もちろん興味を持っていただけると思いますし、日本の産業や技術の源泉・歴史やその後の発展に関心を持っている読者にも、大きなインパクトを与えてくれるはずです。

本書では、出川さんが実際に足を運ばれた経験を元に記述されており、フィールドワーク的ガイドとしても楽しめます。ぜひ本書を読み、古代しまねのハイテクの深淵をご自分の目で確認されることを強くお勧めしたいと思います。

（三原　毅記）

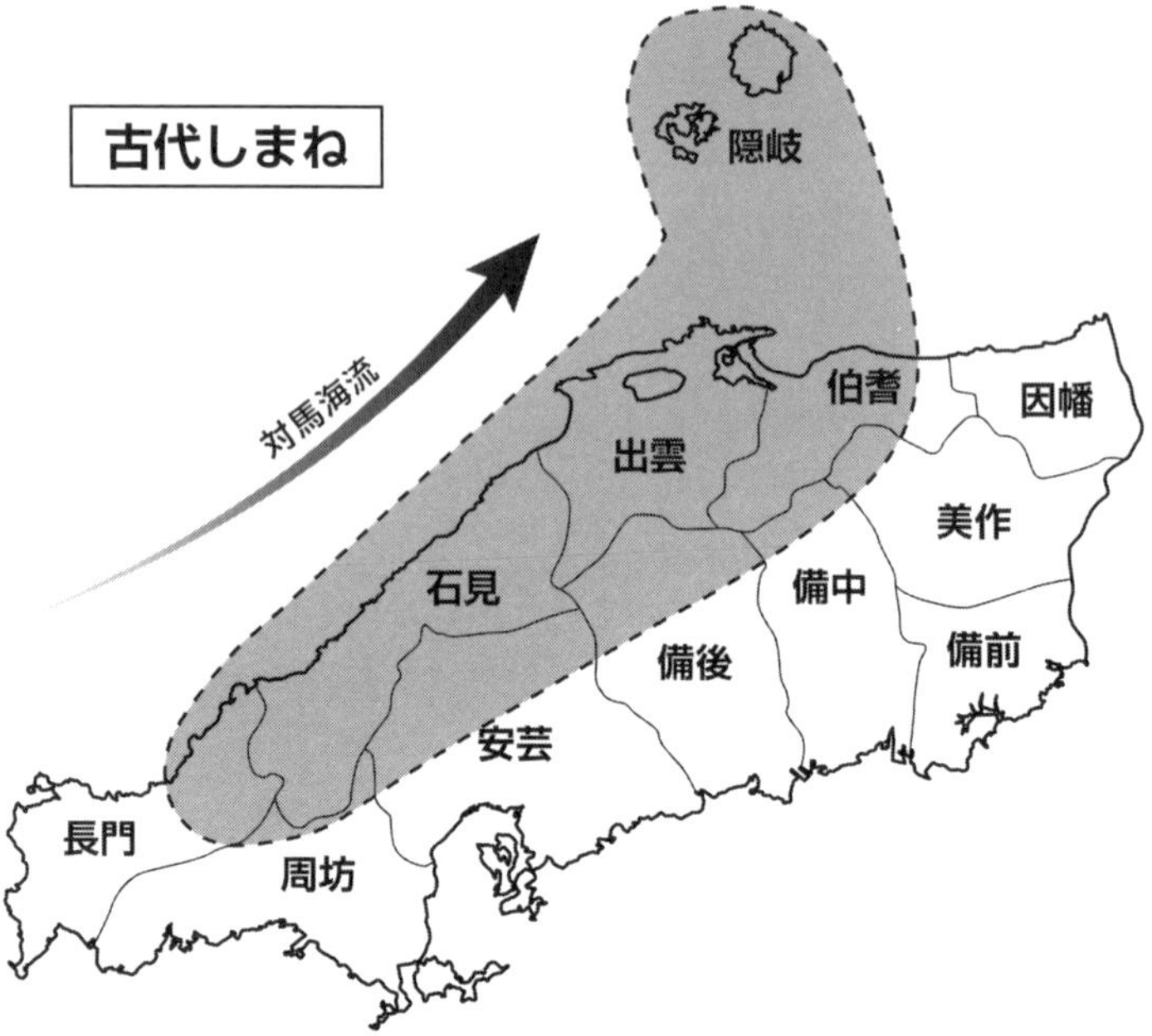

図０‐１　本書に登場する「古代しまね」の範囲

はじめに
本書の構成

日本海の対馬海流がぶつかるところに金属鉱物資源の豊富な島根半島が存在し、大陸の技術が容易に導入できたことから「古代しまねの技術」が始まります。まずは本書における「古代しまね」についてその範囲を定義していきたいと思います（図０‐１参照）。

「しまね」というと、島根県を思い浮かべる方々が多いと思います。もちろんその通りで、現在の島根県は、旧出雲国、石見国、隠岐国を含んでいます。とはいっても、古代においては現代のような行政区分はなく、本書では地理的、自然環境などが近い近隣の地域も「しまね」の一部と考えます。具体的には山陰地方とか中国山地とか呼ばれる地方、旧国名でいうと、伯耆国（鳥取県）や、備中国（岡山県）と備後国・安芸国（広島県）の中国山地側、さらに長門国（山口県）の一部も含まれます。これを島根県とは区別した「古代しまね」と本書では呼びます。

古代しまねの中心地である出雲は、『出雲風土記』『古事記』『日本書紀』等により神話の国としては広く知られていました。しかし考古学的資料が乏しかったため、古代日本の文化的、技術的な超先進地域であったことは、地元を含めて必ずしも十分に認識されていません。

出雲地方には、古代から出雲大社などの巨大な建築物がありました。これはこの地域に高い技術が存在したことを示しています。

また「たたら製鉄」に代表される日本刀の原料鉄などの資源である砂鉄が存在し、昭和59（１９８４）年に荒神谷《こうじんだに》遺跡で銅剣、ついで平成８（１９９６）年に加茂岩倉遺跡で銅鐸の驚くべき数量が出土しています。弥生時代の出雲が実在する豊かな国であったことが明らかとなりました。隠岐地方では古代から黒曜石が産出し、石見地方には世界遺産となっている石見銀山があります。

すなわち古代しまねには、固有の資源とそれにかかわる製錬・精錬技術があり、人間の基本を支える食糧と水（と住居）、肥沃な土壌、農業生産力が存在していたということになります。

本書が想定する読者は、まずは古代資源と産業技術遺産に興味を持つ方です。とくに古代材料としての金属・セラミック資源・技術について、日本の技術の源流として興味をお持ちの方です。もちろん、中国地方、さらに島根県および近接の地方在住の方にもお読みいただきたいと思います。また、技術やこの地域に少しでも関心をお持ちのすべての方ということになります。

筆者は島根県出身（出雲市）で、また金属、特に採鉱冶金と各種加工技術の技術者としてこの地域のあちらこちらを再調査・再訪しました。あらためてこの地は、日本でも特徴的な金属などの資源や技術源流があり、またそれを歴史的に検証できる可能性が大きいことを再発見しています。

本書では、これらの知見を材料別・地域別・年代別に整理して紹介しようと思います。もちろん筆者は考古学者でも歴史学者でもない市井の研究者なので、不十分な点や独断と偏見は多数あるかもしれません。しかし地元しまねがローカルかつグローバルであり、未来の可能性もありそうだということが、おわかりいただけると思っています。

ぜひとも、古代から現代、未来に及ぶ「しまね」に関する謎解きストーリーを愉しんでいただければ望外の喜びです。

目次

プロローグ

グローバル視点での古代しまね

ここでは、「古代しまね」についてグローバルな視点から見ていきましょう。まずはマクロな世界のなかの日本列島の成り立ちと位置（地理）について、自然現象や気候風土面を認識しましょう。「古代しまね」地域（島根県＋α）は、見方によっては大変グローバルな点がいくつもあります。そこを見ていくことにします。

日本列島と日本海の歪（プレートの沈み込み）との関係、「環日本海」として、中国大陸・朝鮮半島・日本列島の位置関係も重要になります。

なお、ここでの「グローバル」という意味ですが、「日本以外の国との各種人種、風土、文化、技術などの融合」としています。

世界の中の日本列島とその特徴

島根を語るまえに、世界地図から日本と「しまね」の位置を見てみましょう（図0-2）。欧州の中心からみると、まさにファーイースト（極東）の位置であり、日本は大陸の端っこにある列島という位置になっています。島根はその中でも、大陸に近い点としか見えていません。これはまさにローカル中のローカルといえましょう。

次に、日本を中心とした世界地図のなかで、世界の火山と温帯地帯を示した地図を見てみましょう（図0-3）。火山は点で、温帯地帯は線囲いで示してあります。日本列島は北半球の温帯部分の中央にありますが、火山が極端に集約した場所にあることもわかります。大陸でなく、大陸にしがみつくような場所の火山列島、その右側（東側）には、広大な太平洋という、産業革命までの数万年は渡ることが極めて困難な大海があったのです。

日本海と日本列島のまわりのプレートの重なり

さらに日本海を中心として日本列島とそのまわりのプレー

トの重なり具合を見ていきます（図０‐４）。日本列島は地球の歪みの特殊な地域といえます。

日本列島は火山性の自然の猛威の吹き出し口でもあります。これは日本人にとっては自然の脅威との挑戦でしたが、同時に、地下には豊富な金属資源が長い年月の間に山積みされていき、時々は地上に噴出していきました。これは格段のボーナスだったともいえます。

そうした列島と日本海のおかげで、古代においては、しまね側（日本海・山陰側）こそが産業や流通の中心地といえました。

しかし、近代以降、産業化が進んだ太平洋側が「表日本」と呼ばれるようになり、日本海側はいつしか「裏日本」と呼ばれるようになってしまいました。暗いイメージがありますが、それは恒久的なものではなく、本書で取り上げる古代と

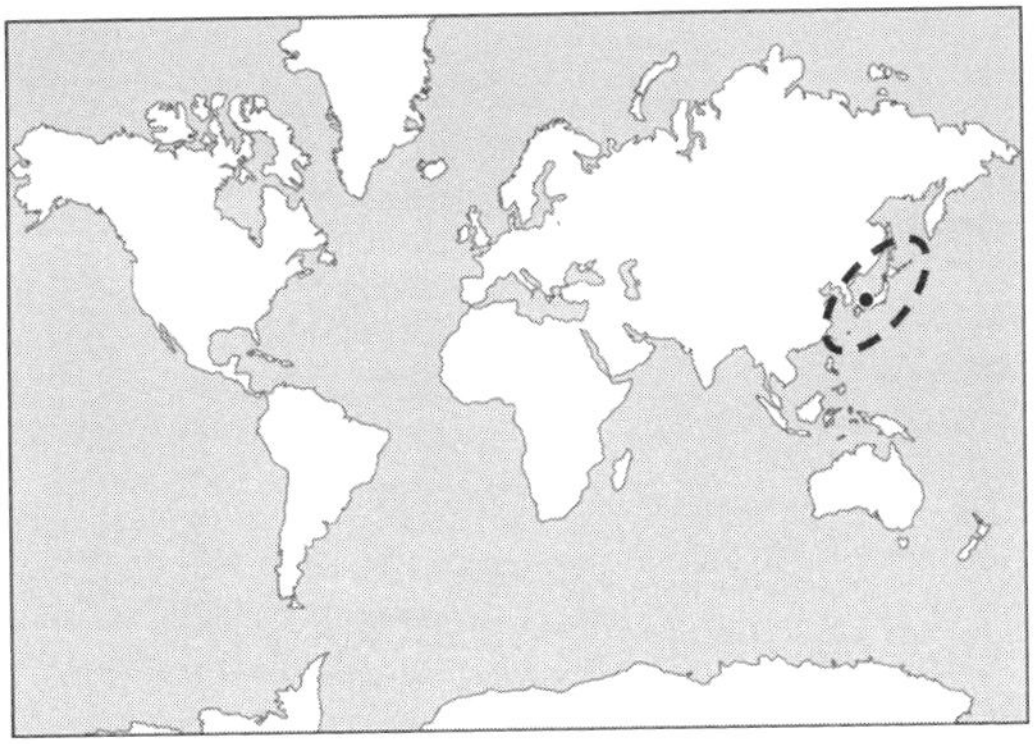

図０‐２　世界標準地図の中の日本。島根の位置

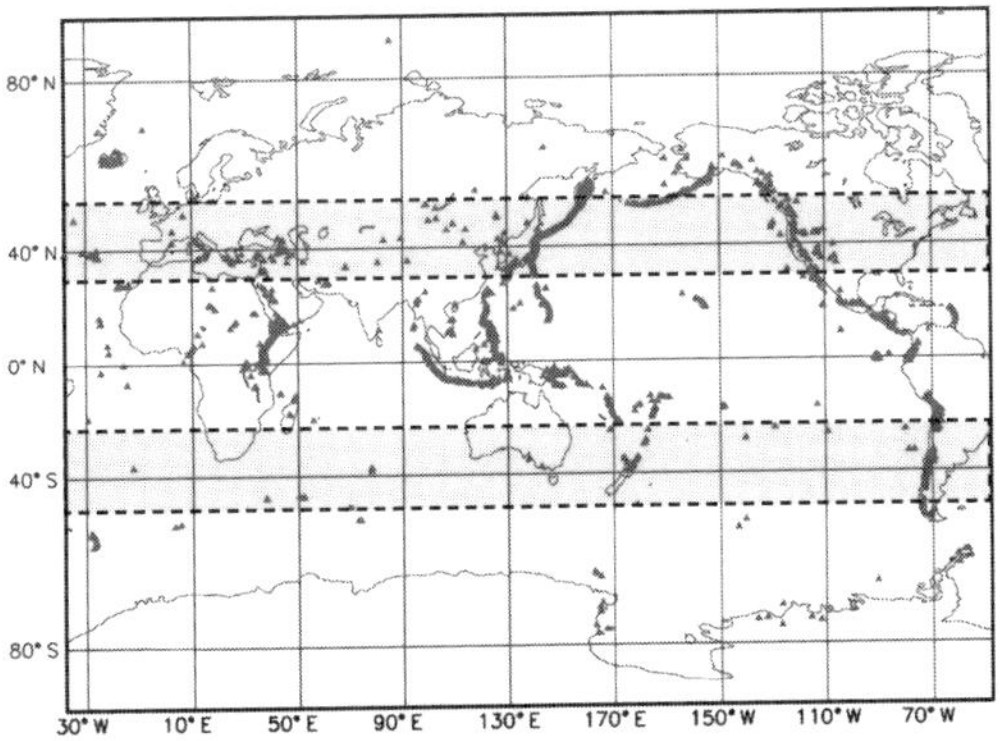

図０‐３　世界の火山地帯（点）と温帯（点線）と日本
（内閣府 防災情報ホームページより　図に追記）

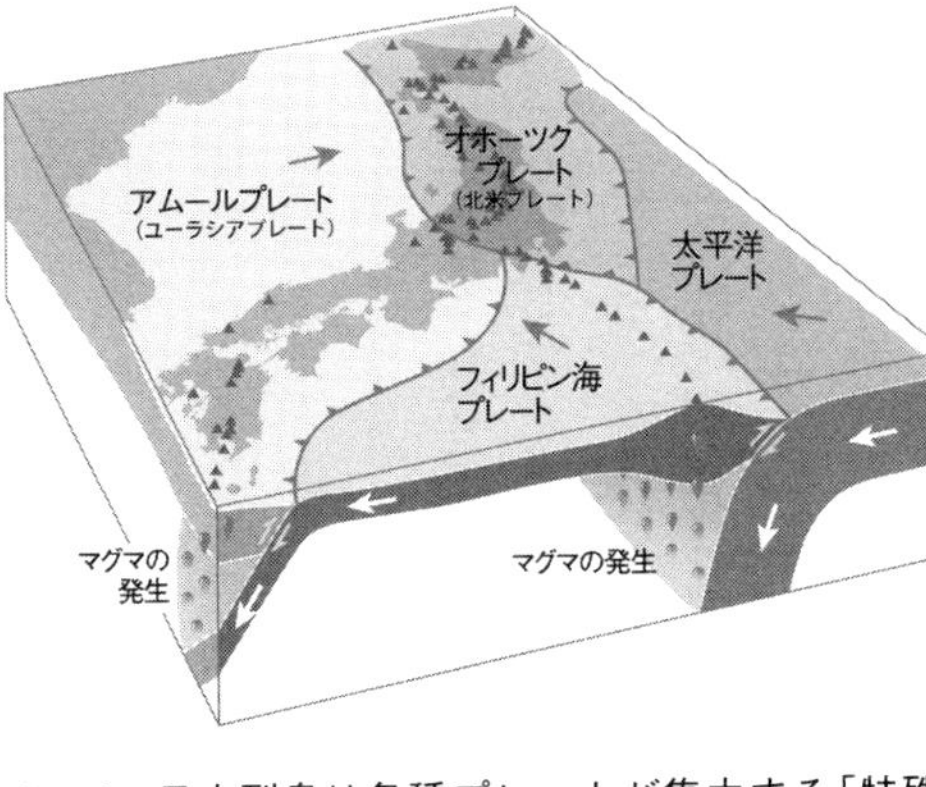

図０‐４　日本列島は各種プレートが集中する「特殊な地球の歪み地域」の付加体（伊豆半島ジオパークホームページより）

中世の「しまね」は、日本海を挟んで大陸に通ずる「表」玄関に位置していたことをあらためて認識していただきましょう。

日本地図の中の「島根県」と現在（2025）の行政区分

日本地図の中に、島根県の位置と中国地方における行政的な区分について示しました（図0-5）。近年の広域合併により、昔からの由緒のある地名が減ってきているので、わかりにくくなっていますが、以下の地図での位置表記はこの区分に基づいておこなうようにします。

中国地方においても、現在の主要地域である瀬戸内側に新幹線や高速道路の主要路線が集中しており、日本海側で「裏側」の島根県はどうしても開発が遅れているローカル地方という位置づけとなります。しかし、だからこそ今も残っている自然や鉱山跡などの産業遺産を実際にこの目でみることも可能になっているといえます。

じつは古代しまねの中心地である島根県は、それぞれ異質な３つの地域（昔の国）からなっているというおまけもついています。１８７１（明治４）年の廃藩置県における県の成立経緯を見ても、隠岐は鳥取県、出雲は島根県、石見は浜田県を経て「島根県」となったという複雑さもあるのです。

この島根の中の３つの古い国々は、言葉、文化、気質、天候が大きく違っています。その結果、同じ県民であっても、別の地域のことに無関心だったりすることも多いのです。これはかなりの間、地元にとって課題のひとつでした。古代における資源の多様性が存在していたことも、その原因のひとつだったのかもしれません。

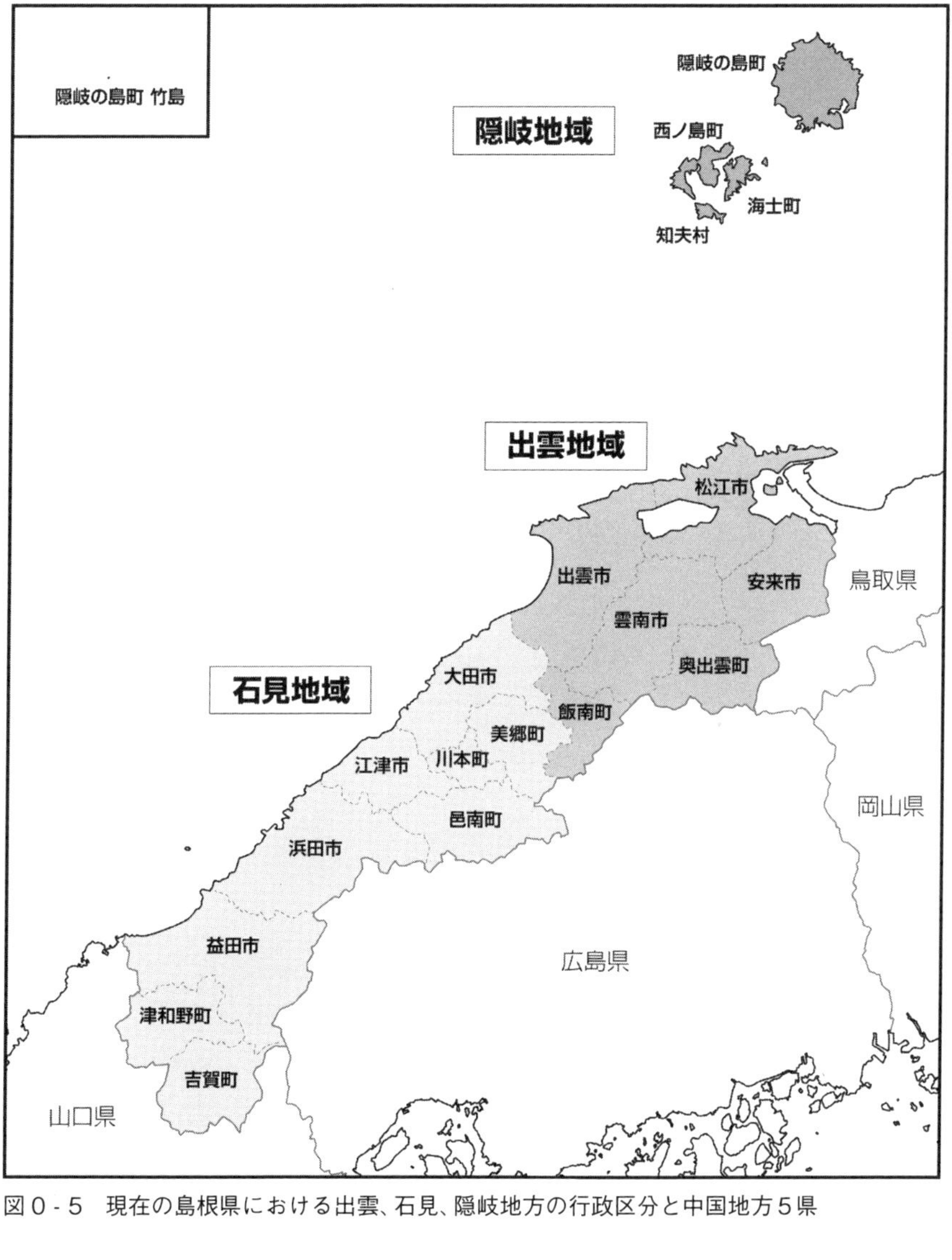

図０-５　現在の島根県における出雲、石見、隠岐地方の行政区分と中国地方５県

COLUMN

島根関連の地名ルーツ

「島根《しまね》」とは　島根の名前の由来にはいくつかの説がありま す。有力なのは廃藩置県のときに松江藩が島根郡にあったところから、県名をつける際に単純に島根県としたといわれるものです。

その元の島根（嶋根）郡とは『出雲国風土記』のなかに「嶋根となづくる所以《ゆゑ》は国引き坐《ま》しし……」と出てきます。意味するところは、「島」は地図上の島であることと祭祀の行なわれる地域を指し、「根」は根源を意味するようで、島根は神霊の聖地ということになります。

このほかに地形からくる説もあり、それは島根半島の形が島状の嶺となっていることから、「しまね（島嶺）」というものもあります。どれが真実かはもちろんわかりません。

「出雲《いずも》」とは　『出雲国風土記』の始めに「出雲となづくる所以《ゆゑ》は（略）八雲立つと詔りたまひき。故、八雲立つ出雲と云ふ」とあります。この他に地形説、厳雲《いつも》や神社のお供えの厳藻《いつも》など多くの説があります。著者は、心情として「八雲立つ出雲」にひかれており、それを出雲の起源としたいところです。

出雲のなかでも、青銅器を主とする西部出雲（現在の出雲市付近）と鉄器を主とする東部出雲（現在の松江市、安来市）との二大勢力があったようですが、弥生時代には統一王朝が作られ、日本海にむかって「出雲国」を形成したと考えられています。

「石見《いわみ》」とは　神話伝承としての神兵が雲のごとく集まりとどまる、すなわち「屯聚《いわみ》」したため「いわみ」となった説、「いわうみ（石生み）」から来ているという説、石の多いこの地域に合った「石充《いはみ》」「石実《いはみ》」というのもあります。じっさいに、『播磨《はりま》国風土記』には、この地方を石海《いわみ》と呼んでいたことも記されているそうです。また、石見の銀山や各種鉱山等では、石を見るということで石見と名付けたとの話もあり、いずれにしても石が特徴的な地域であったのでしょう。

「隠岐《おき》」とは　シンプルにいうと、本土から見て沖にある島ということに由来するという説明がわかりやすいと思います。「沖」ではない理由は、古代、地名には2文字をあてるという指示により、隠岐としたというのが有力のようです。一方では、隠岐の山中にある杉が大変立派なため、「御木《おき》」としたという異説もありますが、実際に訪島するとその意味が実感できました。

隠岐は、島根半島の北方約50kmにある諸島で、隠岐群島《おきぐんとう》と複数の島からなっています。島後水道《どうごすいどう》を境に「島前《どうぜん》」と「島後《どうご》」に分けられます。

第1章

しまねは古代日本の材料王国で技術の源流！

1 しまねの地質・材料資源分布

なぜ古代しまねは「材料王国」だったのでしょうか？ 島根県はふるくから、島根半島を中心にした銅、銀、鉄の産地として知られていました。また近年まで黒鉱や鉛、亜鉛なども採掘されていました。その地質や鉱物資源などについて紹介しましょう。

(1) 中国地方の金属系資源

中国地方は古くから鉄と銅の産地として有名であり、江戸時代には銀の主産地ともなっていました。明治以後は銅の他、タングステン、モリブデン、クローム鉄および硫化鉄の重要な供給源となっていたのです。

金属資源に特化して歴史を見ると、中国地方の鉱物資源の開発は砂鉄の採取に始まります。『古事記』の中に天叢雲剣の物語があることや、この地域の古墳の中に太刀、やじり、馬具その他の鉄製品が見られます。そこで、古代しまね地方、つまり出雲地方や伯耆、美作・備中地方の山中では、千数百年前にはすでに砂鉄の採取と製鉄が行なわれていたと推測されます。

平安朝時代には鉄のほかに自然銅以外の銅の製錬採取も行なわれたと歴史書に記録があります。出雲の「鷺銅山」は古すぎて不明点が多々ありますが、備後の吹屋銅山（吉岡鉱山）が大同2（807）年に開坑されたという記録があります。石見地方や山口市周辺などでも銅鉱の開発が行なわれており、中国地方はわが国の主要な産銅地となっていたのです。

鎌倉時代から江戸時代に至る武家政治の時代には、中国山脈を中心とした地域での鉄（特に玉鋼）の奪い合いの歴史も繰り広げられます。

石見銀山（大森銀山）は、延慶2（1309）年に発見され大永6（1526）年から本格的な開発が始められています。戦国時代には大内・尼子・毛利などの争奪の的となったのですが、江戸時代には天領として幕府の支配下におかれ、最盛期（1613～1640年）には年間灰吹銀1万tを産し、鉱山町の人口は20万人に達したといわれています。

明治末にはタングステン鉱の開発が始まり、大正時代にはクロム鉱、昭和初期にはモリブデン鉱が開発され……というように、中国地方には古来から多数の金属鉱山があったのです。

これらの金属鉱山分布を図1-1に示してあります。古代しまねが複合的な金属資源を持つ土地だったことがイメージ

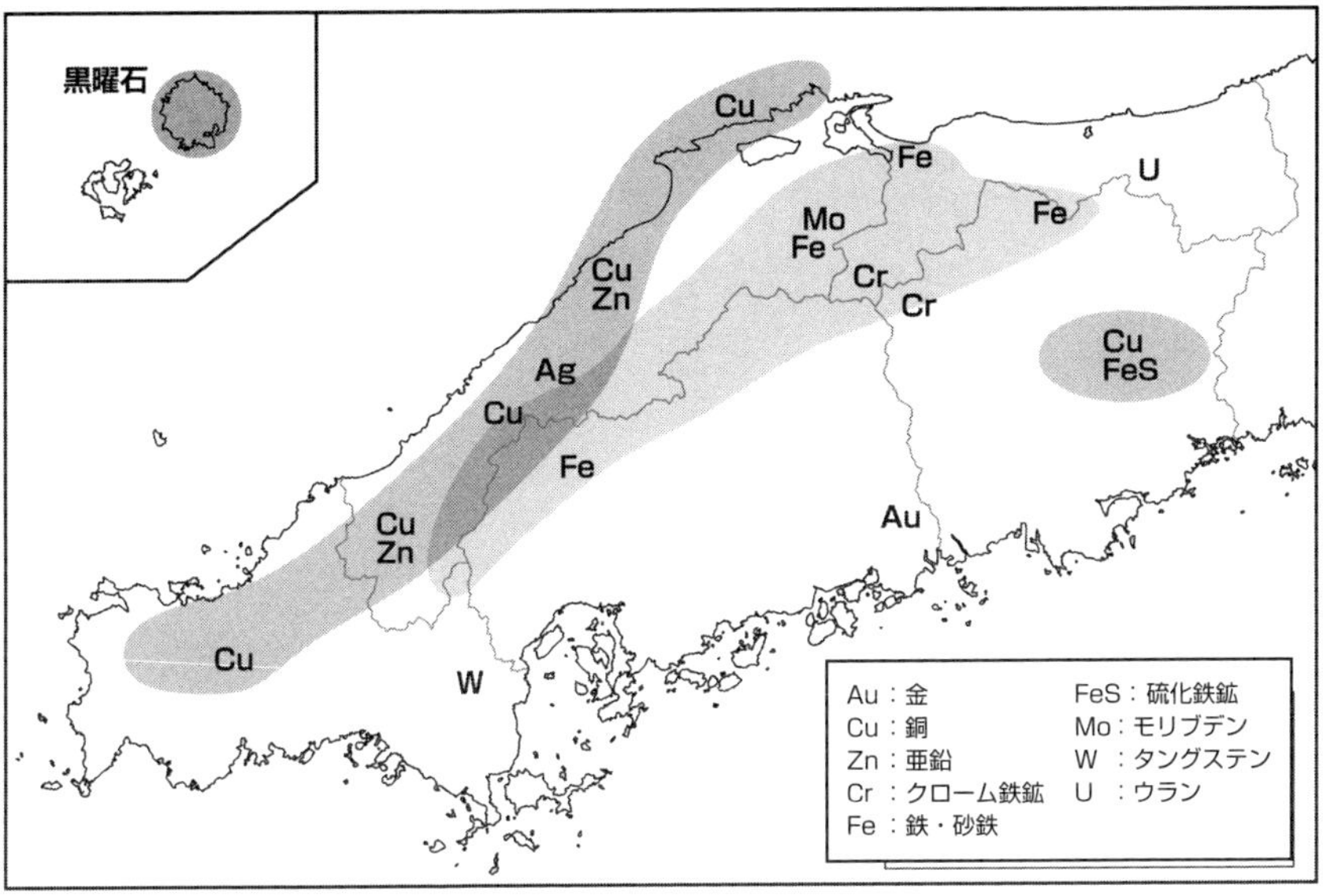

図1-1　1980年代の中国地方の稼働していた「金属鉱山」分布図
（地質調査総合センター資料をベースに主要金属鉱山だけ選定し、著者が古代の銅、鉄、銀さらに黒曜石の鉱床部分をくわえたイメージ図）

できると思います。

(2) 島根半島の地質と鉱物資源

出雲は鉄の国、石見は銀の国。このイメージは現代でもかなり有名です。

もともと日本列島は地震と火山が多いため、古代から鉄、銀、銅などの材料資源がいたるところで豊富で、それも世界レベルでした。その豊富な資源にともない金属関連技術も発達してきました。そのような古代資源国である日本のなかでも、飛びぬけて金属系の鉱物資源の産出量が多かったのがしまね地区です。なぜなのでしょう?

古代しまねの中心部分の島根半島や宍道湖の周囲の地域が金属資源に恵まれているのは、以下に示す地質的な条件と密接に関係しているといわれます。

1. 内陸側に山陰帯の花崗岩が広く分布し、それらが熱水変質帯を伴う
2. 大田市から島根半島にかけての沿岸部は第三紀中期の火山噴出物が広く分布し、中国地方唯一のグリーンタフ分布域である
3. 県の中西部の広い範囲に第三紀鮮新世末期 - 第四紀の特徴的な堆積岩そうが分布している

4．地質時代を通じて火成活動に関する熱水変質を重複して被った地域である

島根県における鉱床と鉱山分布については、鉄や銀以外でも、銅・鉛・亜鉛などを産出する黒鉱式鉱床、およびスカルン型の銅鉱床があります。それらの大部分はいわゆる雑鉱型で、黄銅鉱の他に硫鉄鉱などを随伴するといわれます。また山陰グリーンタフ地域では、黒鉱式鉱床と銅鉱脈とが知られていました。また中西部での鉱床は古生層中の鉱床であり、銅や亜鉛がとれていたのです。

（3）古代からの銀と銅、鉄の価値と役割

しまねの金属材料資源は、かつては世界を動かす驚異的な量でした。この視点で資源としての金属を考えていきましょう。いったいどのような価値があり、どのくらいの量と質の銀、銅、鉄がとれたのでしょう？

まずは、金属の役割と価値をここで軽く解説しましょう。オリンピックでも金銀銅という具合に、貴金属としての価値は古来から世界共通で、この順に価値があると考えられます。これは錆び（酸化）にくさ、曇りにくさという貴金属の特徴からくるものです。その特徴によって、永遠の象徴として装飾品に使われ、また貨幣、兌換価値にもなるわけです。

一方で鉄は強靭であるため、道具の材料としての価値があります。食物を栽培、狩猟をする、漁業を行なうための実用的な道具としては鉄器が圧倒的な強みをもちますし、身を守るための武器の材料としても同様な価値を持ちます。

（4）世界を支配した古代しまねの金属材料資源

古代から島根には、貴金属と鉄の資源が大量に存在しました。これらが肥沃な土地と安全な水とともに集中的に得られたわけで、グローバルに人が集まらない理由はありません。まさに豊かさの源といえるので、それぞれの具体的な価値について述べていきます。

まずは鉄の話からはいります。しまね地方の鋼は「たたら吹き」によって砂鉄から作られたもので、日本刀の材料に使われるほど高品質で知られています。「たたら吹き」は、土製の炉の中で木炭を燃料にして砂鉄を溶かし、直接「鋼《はがね》」にすることに特徴がある日本古来の製法で、弥生時代から行なわれていたといわれています（たたら吹きの詳細については後程［第5章］説明します）。

出雲、石見地方で、この「たたら吹き」の製鋼が盛んだったのは、良質の砂鉄と炭になる森林資源が豊富だったからで

す。江戸時代には日本の刃物につかう鉄の8割といわれるくらい、鋼生産量のほとんどをこの地方のものが占めていたといわれます。

次に貴金属です。日本は東アジア随一の金、銀、銅の採掘地域で、これらの金属は日本の貿易品として有用でした。しまねに関係する銀と銅を見ていきましょう。

銀山の中でも島根県大田市の石見（大森）銀山は有名です。とくに17世紀の日本の銀産出量は世界全体の3分の1（その当時の日本の銀生産量の平均は年間200トン程度と推測されていた）を占めていました。石見銀山は、スペイン植民地（現ボリビアのセロ・リコ、世界遺産）と並ぶ銀産出地として西欧・中国でも有名になっていました。

最後に銅です。銅は資源的に、その産出地域はきわめて偏っています。日本列島は古代から長期にわたり、銅の世界的産出国だったのです。チリで銅山が発見されるまでは、日本は世界一の産銅国であっただけでなく、少なくとも1920年ごろまでは世界第2位だったといわれます。鎖国中の江戸時代でも、日本の輸出物として銅は当時の日本の全輸出金額の5、6％を占めていました。しまねでも銅はよく産出され、とく出雲大社の裏山は、なんと古来からの銅山（鷺銅山）として有名だったのです。

COLUMN

しまね全体が博物館⁉ 古代からの繁栄といろいろな資源

古代しまね発の金属資源は環日本海や中国だけでなく、欧州にも輸出され、当時からグローバルな展開の主人公であり、道具でもありました。結果的にしまねは世界的な技術遺産の歴史的検証がその場でできるという、極めて恵まれた地域となっています。すなわち人類に必要な資源の数千年にわたる発掘の歴史、近代化への試みと技術ネタとプロセスの現場が、いまだに残っているのがしまね地域なのです。

隠岐でとれた黒曜石は、旧石器時代から縄文時代の日常につかわれる刃物として有用で、日本海をわたって各地にも流通しました。また出雲と石見《いわみ》地域は、古代から近代にかけて各種金属資源が世界でもまれなほど豊富に集積していた地区です。その結果、この地域に金属とセラミックスに関する多くの複合的な技術もたくさん残っており、その活用法も密度濃く蓄積されていたのです。

これは、現在でも島根各地において続々と縄文・弥生の遺跡や土器などが発掘されたりすること、出雲大社の裏山位置に銅鉱脈（日本最古の鷺銅山として近代まで採掘されていた）が存在すること、玉造《たまつくり》の原料と加工技術、奥出雲や奥石見の世界最高の刃物である日本刀をつくるたたら製鋼技術、石見銀山に代表される銀や黒鉱が豊富にあることと無関係ではないと思われます。

実際に現地を歩いてみると、しまね全地域が壮大な技術遺産・自然融合博物館なのです。言葉をかえれば、地域全体が数千年広域保存されている古代技術の壮大な博物館といってよいでしょう。特に学生、社会人、さらに将来の科学者の卵である若い人々にとって、しまね地域は、材料・金属資源とそれに伴う採鉱冶金や加工技術が1000年以上集積された、最適な保存地域ということもできます。

このように、未来へ向けて古代技術遺産を継続・発展させていくことは、しまねの潜在力を発揮させせられるひとつの方法と考えています。

2 日本海を中心とした海流、気候、風土と古代物流と渡来人

(1) 古代しまね地域とは——南北をひっくりかえすと見えるもの

日本海を中心に南北をひっくり返して東アジアの姿をみると、日本の各地域を見る目が変わります。日本海側、とくに島根半島を中心とした地域が、東アジアのゲート(入口)となることがわかります(図1-2)。

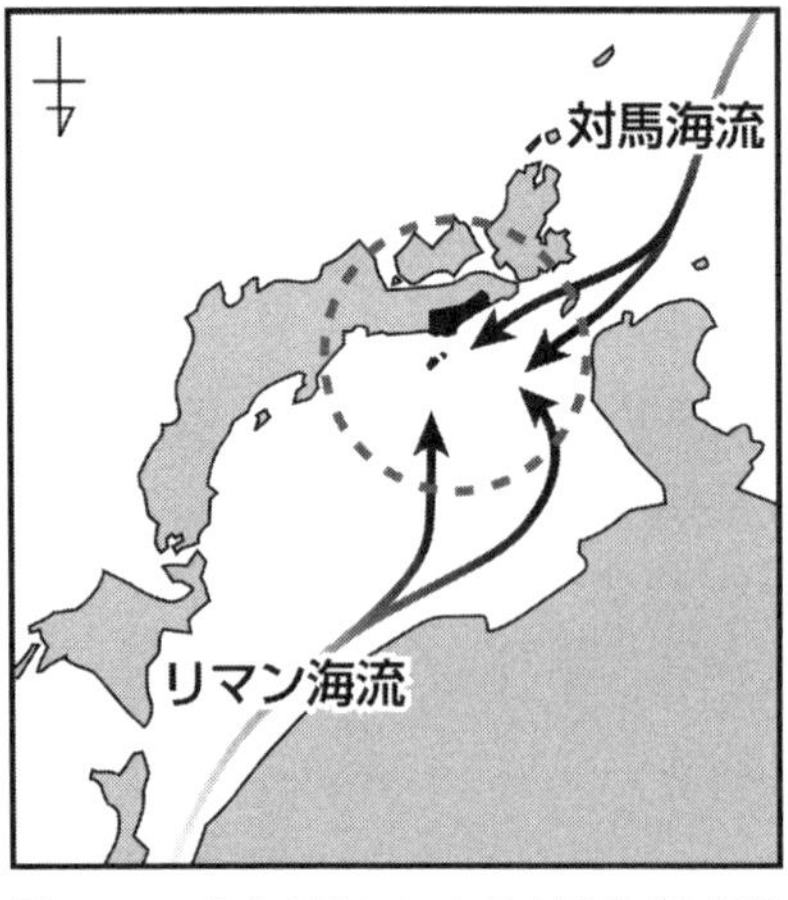

図1-2 南北を逆にした日本列島(島根半島部分)と海流

日本列島を囲む海は隔絶と交通の二面性をもちます。本図に日本海の海流の主な流れを示しました。日本海に突き出した島根半島の海岸は、交通の要所であり、いにしえからの資源の宝庫、豊かさの象徴ともなっています。この半島と海では、多くの民族の争いと融合があり、過酷だけれど豊饒、日本海流のぶつかる場所としてパラダイスのような地だったと想像することも可能です。

そこでは、渡来人と、もともとの日本人との融合が起こるという民族の融合と発展があったと考えるのが自然だと思います。大陸文化と文明の流れは、現在の島根県周辺、当時は隠岐、出雲、石見という3つの古代国で受け止め、これを発展させることができたと考えられます。

大陸との往来の観点では、島根は交通の面で絶好の位置にありました。産業革命前（18世紀の蒸気機関の発明前）を想像してみましょう。対馬海流とリマン海流、この2大海流が島根の土地を発展させ、グローバルにした原動力だとわかります。この海流に乗る移動方法を考えると、中国と朝鮮半島、ロシアからは、日本は資源豊富な列島や島々であり、避難地や目的地となります。その有力な入り口であり、目的地のひとつが現在の島根県（出雲、石見、隠岐）だといっていいでしょう。

（2）地理的観点からの渡来人と海流、大陸との関係

時代をさかのぼって、グローバルな日本人の原点や古代の人の動きをみてみましょう。多くの渡来人と、もともとの住民との融合の過程をみていくことにします。

日本列島には、大陸と陸続きのときからの住民が存在したわけです。それに加え、紀元前から日本列島（九州を中心として）に米作りや土器などを伝えた人たちがいました。この人たちは渡来人と考えられています。『古事記』『日本書紀』が伝えるところによると、紀元後３００年前後の応神天皇期が大規模な渡来期ともされています。

産業革命以前の交通手段は、海と川では船（帆船）、陸では徒歩、馬でした。日本の地形と距離を考えると、山越えでの陸路はきついのです。日本列島全体と海を俯瞰してみると、島根は日本海の交通網（江戸時代は北前船）の拠点だったことがわかります。

紀元後３００年前後、中国大陸や朝鮮半島では大きな動乱が起き、新天地を求めて、製鉄の技術や鉄製の農具、灌漑《かんがい》技術などを持った人たちが日本列島に渡来しました。彼らはそれまでの住民と大規模に融合したと考えることができます。

これらの渡来技術者が、金属製造技術から農耕、土木技術

までどの程度持ち込んだかは定かではありませんが、もともと古代しまね地方は鉄と銀だけでなく、銅の資源（金、銀は銅と一緒に採れる）の宝庫だったようです。良質な水資源と肥沃な土地、豊かな森林資源などの自然にも恵まれていたので、ある程度オリジナルな技術があったと考えられます。

　渡来人がもたらした道具や技術と在来の技術などの融合によって、日本列島ではそれまでの生産方法や労働方法が一新され、渡来人にとっても、想定外の一大改革が起こったのだろうと思われます。その先端を担った人々が集まったのが、古代しまねの出雲、石見、隠岐だったと考えられます。

　少々の混乱はあっても、この地域が発展しないほうがおかしいともいえます。いろいろな経緯はあるものの、7世紀には、政治にも影響を与えるような百済からの亡命者たちが入ってきたりします。結果として先端的な知識や文化、技術がもたらされたのでしょう。

COLUMN

渡来を物語るしまねの地名、人名

4、5世紀の渡来人で代表的な技術者集団といえば、秦氏《はた》と漢氏《あや》です。秦氏は5世紀ごろに朝鮮半島の新羅から来た一族で、土木技術や農業技術などに長けており、土地の開墾、養蚕、機織、酒造、金属加工などももたらしたといわれます。出雲の島根半島の北山山系は、筆者の故郷のすぐそばでもありますが、そのような人々の住む渡来村があったと推定されています。いまでも韓竈《からかま》神社のまわりには、鉄つくりの伝説の石船や、唐川《からかわ》と呼ばれる川があります。北山の裾の東林木《ひがしはいしぎ》や遙堪《ようかん》地区には、都伊布伎《ついふき》（息吹き＝ふいご）神社、都我利《つがり》（金銅製の柄頭）神社、阿須伎《あすき》（切れ味のよい鋤＝刃物）神社などの金属・冶金に関連するといわれる名前の神社があり、それらは、いずれも大変風情ある立派な神社です。

　また、島根半島や石見海岸には、一風変わった名称が付いた地がこの他にもいたるところにあります。たとえば、松江市の宍道湖岸にある来待《きまち》は、元の漢字は来海《きまち》という意味深長な名前です。「渡来人」（以前は「帰化人」と記載することもあったようですが）と呼んでいますが、じつはわたしたち日本人の祖先の一部でもあり、彼らから伝えられた技術や知識によって、それまでの人々の生活が大きく変化したのは確実でしょう。

3 古代しまねで起きた人の集中と拡散：金属資源、方言とDNA解析から

(1) 金属資源と神話の成り立ち

まずは古代しまねの中心だった古代出雲の成り立ちと金属資源の関係をみてみましょう。古代出雲とは地理的には、青銅器を主とする西部出雲（現在の島根県出雲市付近）と鉄器を主とする東部出雲（現在の島根県松江市、安来市、鳥取県米子市、大山町）との二大勢力から出発し、以後統一王朝が作られ、日本海を中心とした宗教国家「出雲」を形成したと考えられています。

特に東部出雲は律令下のいう伯耆国まで連続的な文化的つながりがあったため、弥生期では出雲と伯耆（鳥取県西部）を出雲文化圏とする考えて捉えることができます。考古学的見地からは、古墳が発達する以前の出雲の特徴的埋葬様式である四隅突出墳丘墓の分布状況が参考になります（環日本海の北陸地方なども上古出雲とすべきとの説もあり、版図拡大の逸話は国引き神話として「出雲国風土記」に記されているともいわれます）。

古代神話や風土記のベースとなる、現在の東出雲と西出雲については、銅と鉄の時代から稲作の時代への歴史もダブってきます。そこからの出雲は歴史と神話、文化度の高い、豊かさの十分ある土地だったようです。神話や神社が（お寺も）大量に存在したのも、地域と住民の豊かさがともなわなければ維持できなかったのでしょう。

その豊かさの源泉は銅と鉄の金属資源も大きな要因でしょう。古代神話と風土記の世界に示されているのも、たたら製鉄による農業・土木道具の開発と、それによる豊饒な農地開発と食糧供給です。もちろんその源は、ヤマタノオロチ伝説の元にもなった斐伊川のパワーや森林地帯、砂鉄を含む花崗岩地質です。この地は日常的に資源とそれに付随する当時の先端技術の維持と継続が基幹となっており、それが大和朝廷が欲しがった国譲りにつながっている場所ともいえます。

(2) DNAと方言から見た出雲（人）のルーツ

DNAなどの遺伝子解析技術の最近の進歩はとどまるところがありません。その成果といってもよい結果が現代と古代の出雲人に関して出てきましたので、ここで最新情報として紹介しましょう。国立遺伝子研究所と科学博物館の成果で、古代から現代までの日本列島のさまざまな地域の人々の分類や、大陸や朝鮮半島などの関係性の詳細が載っている最新本

も多く出版されています。

ここでは古代と現代の出雲にかかわる、ＤＮＡ解析結果のさわりだけを引用させていただきます。研究者たちは当初、出雲の人々の遺伝子は朝鮮半島や大陸に近いところから、そちらに近いかと思われていたようですが、どうも関東地区をも通り越してもっと東北地方、とはいっても北海道のアイヌ系までいかない東北地方に類似した遺伝子のところに位置することを見つけました。

さらに最近の追加データによると出雲族は近畿のやまと族、また朝鮮半島、中国北部の民族よりも少し離れて東北人（蝦夷、えみし）と南九州（鹿児島、薩摩隼人）などに近い傾向をもっていました。これをどう解釈するかは今後の問題ですが、古代出雲を中心とする国津神、ヤマトを中心とする天津神の対立が、単なる土着系の対立と渡来系との関係、すなわち縄文系と弥生系の対立ではなく、もともとの日本列島の土着の人々とはちょっと違う混血系かとも示唆されていますが、まだまだ奥が深いようです。

一方では、有名な「出雲弁が東北弁と似ている」という話は、松本清張の小説『砂の器』に載っているくらい有名です。じつは、筆者が仙台の大学にいったときに、言葉や風土の面であまり山陰、出雲との「違和感を感じなかった」との直感にも通じるところがあるようです。出雲弁は、島根県東部から鳥取県西部にかけて話されており、「西のズーズー弁」とも呼ばれています。ズーズー弁は一般には東北方言の俗称ですが、日本語の方言学では音韻上「し」対「す」、「ち」対「つ」およびその濁音「じ」対「ず」の区別がない方言を指します。方言としての東北地方と出雲地方の類似性の例は図1-3に示してあります。

本書のテーマの一つである日本の技術源流に関するさまざまな可能性に関して、人や資源の動きなどに関連してＤＮＡや方言の結果を尊重します。関東以北にも出雲系の神社が多

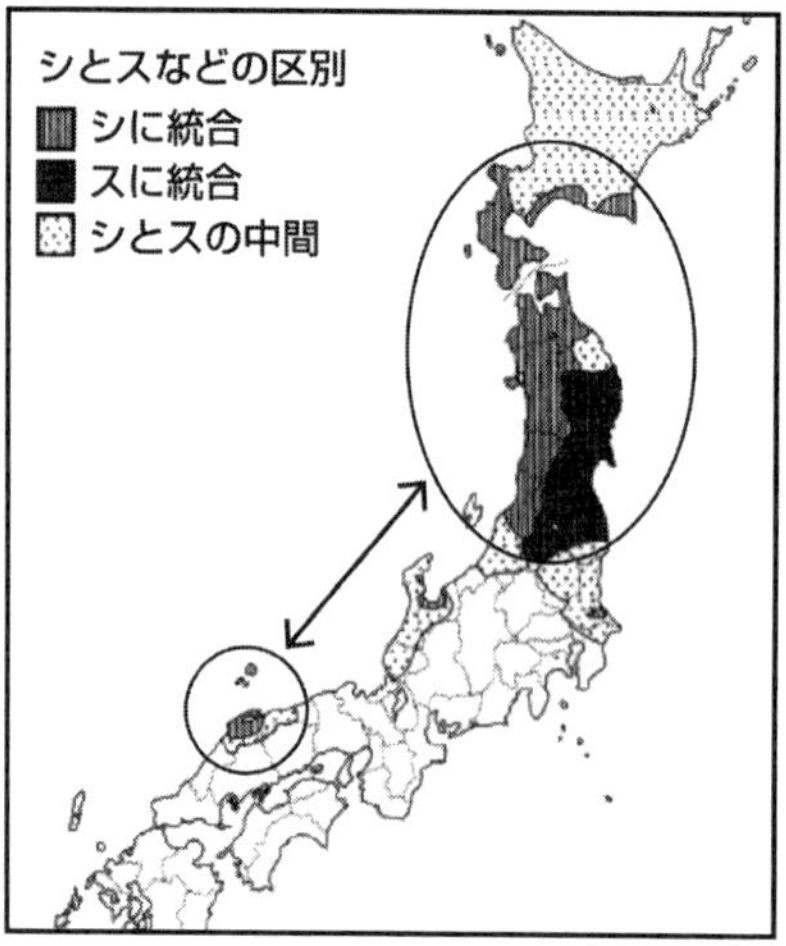

図1-3　東北と出雲の方言の共通性
（シとスの類似性が高いものが黒い地域：出典は小泉保著『縄文語の発見』青土社、1998刊）

い理由の一つがここにあるのかもしれません。有史以前の神話の世界が、事実に裏付けられた歴史の世界といつか重なることもあるかもしれません。これらは今後の最先端ＤＮＡ解析技術などの進展によっていずれ解明されることを期待しておきます。

COLUMN

出雲系神社の日本各地への拡がり

日本中（特に東日本にまで）に拡がる出雲系神社について、筆者が提案している仮説（＊）の一部をご紹介します。

出雲地方には古来から神社の数が圧倒的に多いだけでなく、出雲系神社は日本中に拡がっているのは事実です。たとえば、首都圏２４５０社のうち１７００社が出雲系、東日本全体でも６３００社のうち１８５０社が出雲系です。

その古来の「ご神体」を詳細に見ていくと、出雲系の神々の多くは、山、巨大な岩（イワクラ）すなわち鉱山・金属資源・土木系をもとにしていることがわかります。相対的に危険性の高い土木作業や火や水を使う製錬系の業務内容への守り神と考えると、この神々の日本中への拡がりは、採鉱冶金系、さらに土木建築系の技術の伝播と重なっていることが理解できます。

神話にある「古代出雲の国譲り」により、出雲系の人々（と神社）は天孫系のヤマト王国（政権）が持つ統一管理型集団（律令制）の支配下に置かれました。その時、資源関連＋国つくり能力を持っていた技術者（職人）は、集団で平城京（奈良）、平安京（京都）に移って町づくりに携わったり、全国の資源鉱山などに大挙して移住した（させられた）――、このように仮定すると、つじつまが合ってくるところがあります。

技術者たちはこの時、出身地である出雲系の神社の加護を受けるために日本中にお守り、お札を持参していたと考えてもおかしくありません。また成功すると、お礼としてその地に神社をたてたと思われます。これが、奈良、京都に今でも残る「出雲の名前と神々の社」が存在する理由であるとも考えられます。

また東日本、特に関東平野のなかで武蔵の国などは、鉱山開発地域として旧出雲族の支配下にあったといわれる地域です。この地に数多くの出雲系神社が存在しているのは、このように考えるとつじつまが合ってきます。

神話の「古代出雲の国譲り」で、天孫族が出雲族に求めたものは、単なる領土とか物品ではありませんでした。古代出雲国の豊かさを支えた物資（金属資源と加工製品）だけでなく、それを支えた土木などの国つくりにつながる技術とノウハウといえるでしょう。

技術とノウハウを持った技術者たちは、大和経由で京都に移住して街・町のインフラをつくったり、衣食住の豊かさを支える土器、祭器、土師（鉄器）などの技術者になりました。さらに関東、武蔵の国（荒川流域の開発・物流、農業、鉱山へ）にも移住していったかと思います。

（＊詳細は、拙著『出雲歴史ワンダーランド』『首都圏近郊出雲系神社探索ガイド』いずれも言視舎刊を参照ください）

4 日本の技術の源流と古代の資源・加工製品遺跡

(1) 本草学と採鉱冶金学は日本技術の源流

本草学は、もともと中国大陸からきた植物に関する技術の学問体系でした。各種生物をはじめとして、さらに鉱石といった多様な自然物も本草学の対象で、特に各種金属鉱石もこの学問の範囲とみなされていました。

鉱石はのちに各種無機物（金属資源鉱物やセラミックス）として分類されますが、金属成分をともなう化合物は、地表の自然物としてはほぼ酸化物（-O）か硫化物（-S）として存在しています。本草学ではこれらの化学物質を各種の薬としても扱いました。たとえば辰砂（朱、硫化水銀）は魔除け、不老不死薬、ミイラ、虫よけ、保存剤、下痢止めなどになります。

このように、鉱物資源から金属を得るための技術的工夫や努力は本邦でも本草学をはじめとして長い歴史があり、その後明治以降に体系化され、採鉱冶金学として集大成されました。その中身を下記に独自にリストアップします。現代の工学分野の基礎要素が、ほぼ含まれる形になっているのは興味深いところです。

西洋においても事情は同じで、いわゆる鉱山学（ここでいう採鉱冶金）はすべての工学の始まりといわれています。

技術要素で内容を整理したのが次のリストです。明治から始まる工学技術や加工技術の源泉になっているさまざまな特徴がわかります。

・採鉱：採掘、保護、搬出（測量・計算）、水抜き作業……土木工事関係技術、測量器具

・製錬：選別（浮遊、サイズ、重さ、色）、取り出作業……化学反応関連技術（混合、加熱、排気）

・精錬：合金、溶融、高温焼成（高温加熱）……冶金学、化学工学技術（分離・合成）

・鋳造：鋳型作成、注湯、ばらし、磨き、仕上げ……鋳造加工関連技術

・鍛造：変形、選別、加炭・脱炭、塑性加工……鍛造・圧延関連技術

・切削：研磨・穿鑿：各種刃物による切削、研磨加工……機械・成形加工関連技術

・接合：溶接、圧接、はんだ、ローツケ……接合関連技術

・鍍金：金、銀、銅、錫、亜鉛……表面処理関連技術

明治維新以降、日本が西洋技術を取り入れて技術の体系化がなされたとき、「採鉱冶金」の目的は金属の確保だけでなく、その後の日本の工学部の専門家育成にあるといわれています。

たとえば東京大学工学部の前身の一つといわれる工部大学校は、土木、機械、造家、電信、化学、冶金《やきん》、鉱山の7学科をもつ6年制で、官費で賄われた専門学校でした。ここは当時世界でも先進的な工学教育機関だったようです。電信を除く学科の出発点は「採鉱・冶金」にあるといっても過言ではないでしょう。

参考までに、図1-4は第二次大戦前に出版された「日本科学古典全集」（昭和11年朝日新聞社刊）です。10巻のうち3巻が採鉱冶金関係で占めるのも興味深いところです。

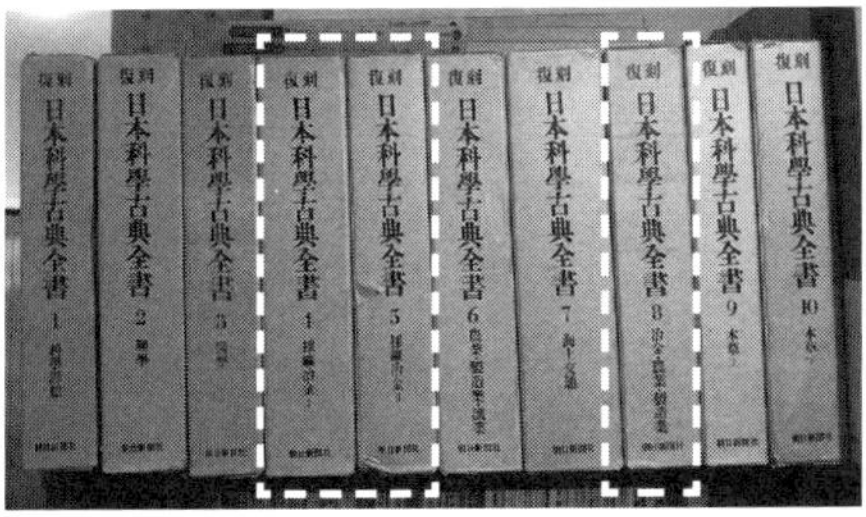

図１－４　「日本科学古典全集」復刻１０巻版と採鉱冶金関係の比率

（2）技術の源流として江戸以前（古代〜中世）を考える時に必要なこと

ここで留意したいのは、技術の源流として江戸以前（産業革命前）を考える時に必要なことは、昔と現代とではインフラ系（動力、交通、通信、安全など）と道具系（技術）がまったく違うという点です。たとえば動力（エネルギー）についていうと、当時は人力＋自然エネルギー（風、水、木、火、動物……）であり、現代の少し大規模な土木、鉱山工事などは、当時の人々にとって世紀の大仕事であったといえます。

また物などを移動・運搬する技術を考えると、当時の物流は距離と重量の限界があり、人間の移動と物流の範囲はきわめて限られていました（道路も鉄道も飛行機も整備されていない！）。日本列島の地形上、山と川と海を越える中長距離においては至難（命がけ）なことであったので、海や河川の水を用いた移動方法が主流だったと考えられます。とはいうものの、海については海流や荒天、潮の流れや座礁、河川についても急流や浅瀬対策など、川も同様に心配ごとは山ほどあり一筋縄ではいきません。さらに通信手段がなく、安全も保障されていない状態（山賊、海賊あり）で、移動・運搬は困難な作業だったというのは、現代と最も異なるところです。

そのような中で、金属自体の価値や、職人芸として培われてきた加工技術による各種道具は超高級品（一生もの）であり、だからこそ技術も磨かれたともいえます。

ここで、古代から中世の江戸時代までの金属資源や技術体系にかかわる歴史的事実を、箇条書きですが整理してみましょう。

- 2回の鎖国の歴史（平安時代、江戸時代）
- 江戸時代の江戸における人口集中と人口密度は世界一（パリやロンドンを超えている）
- 江戸時代の識字率は70％以上で世界一（ロンドンが20％、パリが10％）
- 銀の生産量は江戸時代まで世界の3分の1
- 銅の生産量は、1800年代は世界一
- 日本には漢学、国学（和学）、蘭学の3つの流れがあるが、それらは対立するというよりは、融合・融和していた

江戸時代を中心とした日本の技術に対する影響を調べてみると、2度の鎖国をへて、産業革命時には30年程度世界から遅れることになりました。しかし不幸中の幸いで、鎖国の間に「独自の技術（和学）」を磨いたおかげで、その後、和－

漢－洋の複合化で、遅れを取り戻すことになったと筆者は考えています。主に材料や資源という視点から、日本の技術の源流について、次のようなことがいえると思われます（あくまでも筆者の仮説です）。

①日本の科学技術の特徴は、その多くは日本の地勢・風土の自然条件から説明可能。

②そのベースには、かつては豊富な地下材料資源（＋採りだしやすさ）があり、取り出した金属を使った各種の道具、武器の製造に展開した。

③２度の鎖国を経て日本の本来の技術＋外来（中国、西洋）との融合、統合によって、世界に比類のないレベルや種類の技術が展開された。

COLUMN

世界の技術の源流——ルネッサンスにおける西洋の技術発展

実は古代の中でも太古の昔（ＢＣ〜ＡＤ５００頃まで）は、圧倒的に中国文明のほうが、金属材料（青銅、鋳鉄・鋼）技術は進展していたようです。しかしルネッサンス頃（14〜15Ｃ）からどういうわけだか、西洋技術のほうが圧倒的に進展して差がついてしまうのです。

ここでは、金属資源技術をベースにルネッサンス時代の関連技術や展開を垣間見てみましょう。

ルネッサンスとは何だったのでしょうか？　14世紀にイタリアで始まり、やがて西ヨーロッパ各国に広まり、科学技術の進歩にも大いに貢献したといわれます。特に羅針盤・火薬・活版印刷術は、その象徴として名高いものです。羅針盤は後の大航海時代へとつながります。火薬の発達は、騎士たちの没落を生み、鉄製の銃や大砲の大幅な改良による従来の戦術とは異なる大規模な戦争を可能にしました。また鉛などの金属を使う活版技術は詳細な記録を明確に残し、共有化することになります。

これらの科学技術の基盤に当たるのが鉱山関連技術と言われています。そこには鉱石の採掘から始まり製錬＋金属加工技術＝採鉱冶金技術の発展のベースがすべて詰まっています。それまでの山師・錬金術師的なうさん臭さを払拭して、見事に技術の記録としてのこしたのが、アグリコラ（ドイツ人）の「デ・ル・メタリカ（鉱山・冶金学）」といわれているのは興味深いところです。

ルネッサンスの科学技術３大著作といわれるものは、ゲスナー「動物学（博物学）」（1516～65）、ベサリウス「人体の構造（解剖学）」（1543）とこの「デ・ル・メタリカ（鉱山・冶金学）」（1494～1550）です、この中の「デ・ル・メタリカ」は以下に述べる3つの特徴をもっています。

・特徴1：サイエンスとして鉱山関係技術を捉える⇓工学の基礎としての物理、化学へ
・特徴2：巨大プラントとして「鉱山」を捉える⇓工学の内容が土木・建築、機械、化学、金属工学などへ明確化
・特徴3：詳細な実際の描写を木版画として示す⇓300枚以上の精密画の公開・出版で技術の普及・進展へ

特に特徴3の詳細な描写とその公開によって、中国や日本ではみられなかった、技術のサイエンス化、一般化が一気に欧州で進む原因ともおもわれます（図1-5にその一部を示します）。この本の原本はネット上で全文公開されているので、ご関心のあるかたは直接ご覧ください。

1の巻　実際の術と学問に精通していなくてはならぬ
2の巻　鉱山師の心得と採鉱の着手
3の巻　鉱脈・亀裂および岩層について
4の巻　鉱区の測量と鉱山師の職分
5の巻　鉱脈の開掘および鉱区測量の術
6の巻　鉱山用の道具および機械
7の巻　鉱石の試験法
8の巻　鉱石の選別・粉砕・洗鉱および焙焼の方法
9の巻　鉱石溶解の方法
10の巻　貴金属と非貴金属とを分離する方法
11の巻　金・銀を銅・鉄から分離する方法
12の巻　塩・曹達・明礬・礬油・硫黄・瀝青および硝子製法

A—SIEVE. B—ITS HANDLES. C—TUB. D—BOTTOM OF SIEVE MADE OF IRON WIRES. E—HOOP. F—RODS. G—HOOPS. H—WOMAN SHAKING THE SIEVE. I—BOY SUPPLYING IT WITH MATERIAL WHICH REQUIRES WASHING. K—MAN WITH SHOVEL REMOVING FROM THE TUB THE MATERIAL WHICH HAS PASSED THROUGH THE SIEVE.

A—STAMP. B—STEM CUT OUT IN LOWER PART. C—SHOE. D—THE OTHER SHOE BARBED AND GROOVED. E—QUADRANGULAR IRON BAND. F—WEDGE. G—TAPPET

図1-5　アグリコラ著「鉱山学（デ・ル・メタリカ：鉱山・冶金学）」（1494～1550）」の目次と図の例

5 考古学と科学技術を用いた古代製品の年代・地域の特定

古代と前古代（BC～AD700頃まで）の日本はわかっていないことだらけといってもよいでしょう。例えば日本の古代の金属器（製品）は、「いつ頃」、「どこで」つくられたか、持ち込まれたかも不明です。貴金属（金、銀、銅（青銅））は比較的「形体」が残っているので、考古学では「最終形状から推定可能」といわれていますが、それでも正確な年代や製造地特定は簡単ではありません。

特に歴史上は最も重要だった鉄系材料の製品は錆びて（土に還ってしまって）見分けがつかなくなるため、存在時期、すなわち年代と製造場所や加工工程の推定が極めて困難です。ここでは、古代金属製品の産地特定の基礎と現状の課題について、科学的な手法も含めて、本書に関連する概要だけを整理します。

(1) 考古学上の年代と本書での年代分類について

年代と製造地の特定を行なうとき、一般的には出土したときの同じ地層からの土器・陶器などの年代推定（中国の歴史年代を基準にする）や地質学的な年代推定（火山灰、褶曲、隆起、地震など）とのマッチングが行なわれます。しかし鉄系材料品はさきほど述べたように「土に還る」ので極めて困難といわれています。次頁の（2）以降では主に金属同位体を用いた年代や場所の推定法について紹介していきます。

その前に、ここで本書における「時代の定義」について触れておきます。本書は一般解説書なので明確な年代は示しませんが、ほぼ下記のガイドラインに基づいて年代を表現しています（正確な年代推定はそれぞれの学術書や論文を参照ください）。

- 古代：～平安時代（710～1183）まで
- 中世：鎌倉時代～江戸時代まで（江戸時代：1603～1868年（鎖国：1639～1854年））
- 近代：明治維新後（1868～）

なお、本書での「古代」は、基本的に記録が見つからない（古事記：712、日本書紀：720、出雲国風土記：733の前）時代のことを中心に言っていますが、広く中世の一部を含む場合もあります。文書記録がある時代が中世（江戸を含む）、近代（明治以降）となっているときは可能な限り明記します。また古代の中での時代区分は、おおよそ左記としています。記録がない時代なのでわかった範囲での考古学資料+推測の判断となります。

「縄文時代：16500年前（BC145世紀）～3000年前（BC10世紀）頃」

「弥生時代：BC10世紀～AD3世紀中頃」

「古墳時代：AD3世紀中頃～AD7世紀末頃」

(2) Pb(鉛)同位体による銅製品の産地特定

鉛同位体分析は、銅製品の「年代特定」というよりは、「産地特定」に優れた手法です。これは鉛の原子量は204ですが、それ以外に3つの同位体があり、それぞれウランやトリウムの崩壊によって発生（たとえばU238⇓Pb206、U235⇓Pb207、Th252⇓Pb208）することを利用しています。この計4つの同位体比率を特定すると、おおよその地球上の分布が推定（鉛の産地例：中国、韓国、日本など）できるところから始まっています。

青銅は主成分の銅と錫のほかに鉛が含まれている場合が多いので、製造場所、年代の特定はこの鉛同位体分析が重要な分析手法です。これによって、ある程度の起源や交易ルート、当時の社会構造などを解明することができます。鉛同位体分析の特徴と課題について整理しておきます。

① 高精度な産地特定：鉛は、その生成過程でわずかに異なる同位体比を持つため、採掘された場所によって特徴的に変化します。青銅器に含まれる鉛の同位体比を分析しどの地域の鉱山で採掘された鉛を使ったのかを、ある程度特定することができます。

② 年代測定：鉛の放射性同位体である鉛210の半減期（22年）を利用することで、青銅器が作られた年代を推定することも可能です。ただし年代測定は、比較的新しい時代（せいぜい数百年レベル）の青銅器に対して有効な手法であり、古い時代の青銅器には他の年代測定法を併用する必要があります。

古い時代の銅製品の年代特定には、ほかにも炭素14年代測定、熱ルミネッセンス法、層位学などの他の手法が用いられます。複数の分析手法を組み合わせることが重要で、鉛同位体分析と組み合わせてより詳細な情報を得るために役立ちます。

(3) C(炭素)14による鉄製品の年代特定

炭素の原子量は通常12ですが、3つの同位体があり、下記の比率で存在しています。

C12⇓99%、C13⇓1%、C14⇓ごく微量（0・

000001%）

このうちC14の半減期が5730年なので、樹木の光合成の時期と比較して年代が特定できます。

この手法はノーベル化学賞（1961）を受賞し、日本では登呂遺跡の調査で使用されました。特に2003年の発表でAMS法+地球のCO2ガス変化の精密化で年代特定が明確化されて、弥生時代の始まりがそれまでの定説（BC5世紀）より500年古くなった（BC10世紀ごろ）ことも話題となりました。

この方法を用いて鉄製品の年代特定が行なわれていますが、今でも日本の製鉄の開始年代を特定することは非常に難しいとされています。なぜ特定できないかというと、証拠品の不足が主な要因としてあげられます。例えばその場所で製鉄を行なった直接的な証拠となる炉跡やスラグ（製鉄の際に発生する不純物）は自然環境の影響を受けやすく、保存状態が良くない場合は発見が困難です。また、初期の製鉄は小規模で行われた可能性が高く、遺跡に残る痕跡が微弱であることも一因です。

また、量産型の製鉄技術は、大陸から日本へ段階的に移入されましたが、国内で独自に発展もしていったと考えられています。そのため地域や時代によって製鉄開始の時期が異なっていた可能性があることもだんだん判明してきました。そもそも「製鉄」の定義が明確でないことも年代特定を難しくする要因の一つです。本格的な製鉄と、鉄の加工を区別することが難しい場合もあり、日本の製鉄開始年代はまだ多くの謎が残されています。

以上をまとめると、古代鉄における炭素同位体の分析は、製鉄技術の発展や交易ルートの解明などの進歩により、今後もより古代社会の年代や場所の解明が期待できます。

COLUMN

古代出雲の銅剣、銅鐸、鏡の年代と産地特定の現状

出雲地方で古代の銅製品が大量出土したことは、古代日本の金属文化、特に銅器生産におけるこの地方の重要性を示す非常に重要な発見でした。この銅製品大量出土により、古代しまねが金属産業の中心地として、昔から銅の生産と加工が盛んに行なわれていたことが裏付けられました。しかし残念ながら、その詳細な年代や産地については、本章でのべたさまざまな考古学的+科学的手法が用いられてきたにもかかわらず、いまだに明確な結論を得ていません。

いままでにわかったことを整理してみましょう。

① 高度な冶金技術：古代出雲地方で出土された銅製品は、高度な技術で作られたものが多く、当時の技術水準の高さを物語っています。

② 交易の拠点としての役割：出雲で生産された銅製品が、日本各地に流通していたと考えられます。これは、この地方が古代における交易の拠点であったことを示唆しています。

③ 宗教的な意味合い：銅製品の中には、祭祀に用いられたと考えられるものも含まれており、銅が宗教的な儀式や信仰と深く結びついていたことがわかります。

出雲で出土する銅製品の原料となる銅の産地がどこなのかは、いくつかの説が提唱されています。「国内産」として日本国内、特に地元である出雲をはじめ近畿地方や九州地方の銅山から産出した銅が利用されていたと考えられています。一方では「海外産」として、一部の銅製品では朝鮮半島や中国から輸入された銅が利用されていた可能性も指摘されています。

次に述べる「三角縁神獣鏡」は出雲古代王国と関連する銅鏡として古代史研究において大きな論議を呼びました。出雲の古墳から出土した「景初三年」銘の三角縁神獣鏡が、卑弥呼が魏に使いを送ったとされる景初二年の翌年の銘が刻まれていることで、これが卑弥呼の鏡なのかという論議を呼びました。

三角縁神獣鏡は中国大陸では出土しないことから、日本で製造されたと考えるのが自然です。出雲以外でも、奈良県富雄丸山古墳、大分県宇佐風土記の丘にある赤塚古墳、奈良県黒塚古墳など、全国で５００面以上が見つかっていますが、製作工房や鏡の鋳型などはまだ発見されていません。このため三国時代の魏や呉で製作されたと考えることもでき、議論が続いています。

三角縁神獣鏡は、材質は銅とスズの合金である青銅で、鉛も数％含まれています。全ての鉛鉱山の鉛同位体比がデータベース化されているわけではありません。また、近年の環境汚染によって、鉱山内の鉛の鉛同位体比が変化している可能性があります。

出雲の銅製品の大量出土は、古代日本の金属文化を解き明かすうえで、非常に重要な手がかりとなります。今後、さらなる発掘調査や科学的な分析が行なわれることで銅器生産の全貌が明らかになることが期待されます。

第2章

隠岐の黒曜石と出雲・石見の勾玉、土師一族と石州瓦

第２章に関係ある主要な場所

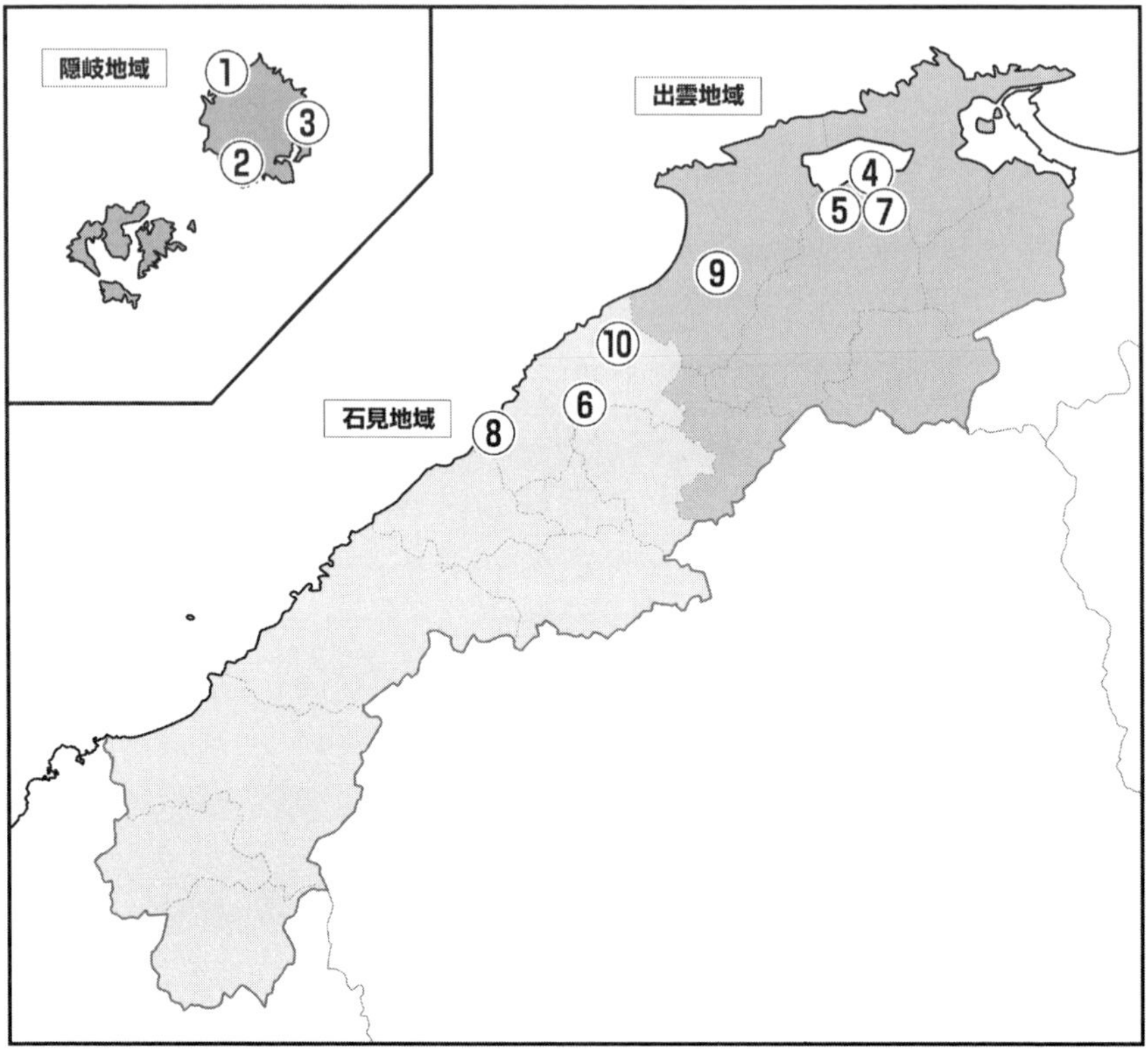

① 隠岐の黒曜石産地：久見（宮ノ尾遺跡）
② 隠岐の黒曜石産地：加茂
③ 隠岐の黒曜石産地：津井
④ 花仙山と史跡出雲玉作跡（松江市）、布志名《ふじな》窯（玉造町）
⑤ 菅原天満宮（松江市宍道町）
⑥ 石州瓦用土：都野津層（太田市～江津市）
⑦ 来待ストーン（松江市宍道町）
⑧ 温泉津焼、鏝《こて》絵（湯泉津）
⑨ 出西窯（出雲市斐川町）
⑩ 鏝《こて》絵（大森町）

第2章では、古代しまねのセラミックス技術について解説していきます。

まず、旧石器時代から縄文時代、さらに弥生時代まで、つまり金属が一般的に使われる以前に生活道具である器や道具として使われたセラミック材料について整理しましょう。

縄文時代までの刃物用材料として、黒曜石がするどい破面（とくにガラス状のもの）を持ち、のちに金属（鉄器、刃金、鋼）にかわるまで、「刃物」の主流として流通していたことはよく知られています。隠岐の黒曜石は、その品質の高さから日本各地に広く流通し、古代の交易路や文化圏を解き明かす上で重要な手がかりとなっています。

また出雲の勾玉《まがたま》は、いわゆる三種の神器としても知られる玉石であり、セラミックスの一級加工品といえます。この原料は赤メノウ、水晶、碧玉で、メノウの主な産地が文字通りの玉造町（松江市）でした。そこには穴あけや磨き加工技術などの当時の最先端技術もつまっていました。

さらに加えると、古代日本において出雲を中心に存在した、埴輪などを作る土師一族が広く知られています。その起源は明確ではありませんが、古墳時代にはすでに高温での焼成した陶器製造を行ない、日本の中では最初に組織的な生産体制を築いていたと考えられています。

石見を中心とした地域は、高度の耐久性と強度をもつ石州瓦や北前船の水瓶につかわれた温泉津焼など高品質な小製品の生産で有名で、古代から高い技術力を持っていたと考えられています。

これらの多彩な材料と技術について、ひとつひとつみていきましょう。

1 古代の黒曜石の役割と日本海から全国に拡がる流通と技術

黒曜石は、旧石器時代から刃物として使える切れ味の良さを持つ素材として世界的にも広く使われ、金属器を持たない民にとって重要な資源でした。ヨーロッパ人の来訪まで鉄を持たずに文明を発展させた中南アメリカ（メキシコのアステカ文明など）は、15世紀頃まで黒曜石を使用していたのです。

日本列島においては先史時代（旧石器時代・縄文時代）を通じて、道具（石器）の主要な材料（石材）として盛んに利用されてきました。縄文時代になるとその利用法は進化していきます。複数の竪穴住居からなる本格的集落が出現し、生業も狩猟・採集・漁撈からなる多角化が実現しました。

隠岐でも黒曜石の採掘だけでなくその加工、さらに集団間を広範囲に流通する交換・交易システムが出現するようになります（図2－1）。

(1) 黒曜石《こくようせき》(Obsidian)とは

黒曜石の化学組成上は流紋岩で、ほぼガラス質、少量の斑晶を含むことがあります。地中のマグマが水中などの特殊な条件下で噴出し、急激に冷やされることで生じます。

成分的には二酸化珪素が約70％から80％で、酸化アルミニウムが10％強、その他に酸化ナトリウム、酸化カリウム、酸化鉄、酸化カルシウム等を含みます。外縁部と内側では構造が異なり、これは冷却速度の違いに起因しています。モース硬度は5、比重は2.3〜2.5、水を1〜2％含み、世界的にも流紋岩が噴出した火山地帯に広く見られます。

日本列島はもともと列島全体にわたって「火山が存在」するので、黒曜石も各地に産出してきます。とくに隠岐島の黒曜石は高品質であり、切れ味の良い素材として、日本海を流通経路に日本列島の日本海側の各地に流通していた歴史があります。

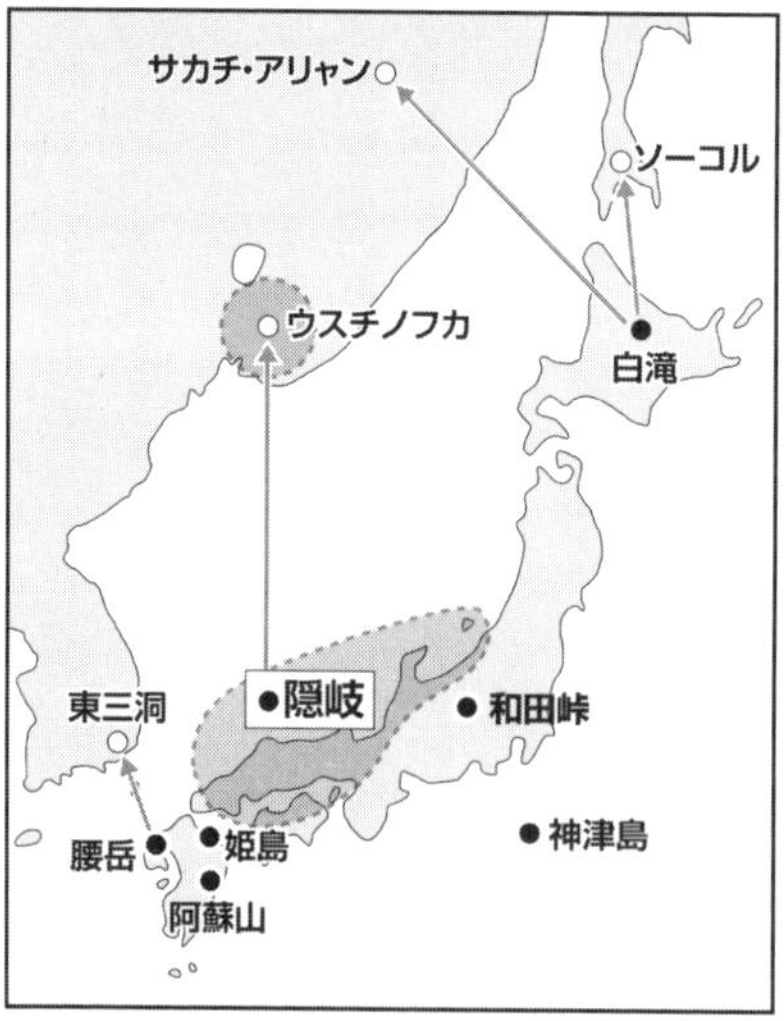

図2－1　日本国内の主要な黒曜石産地と海外への流通範囲（イメージ）

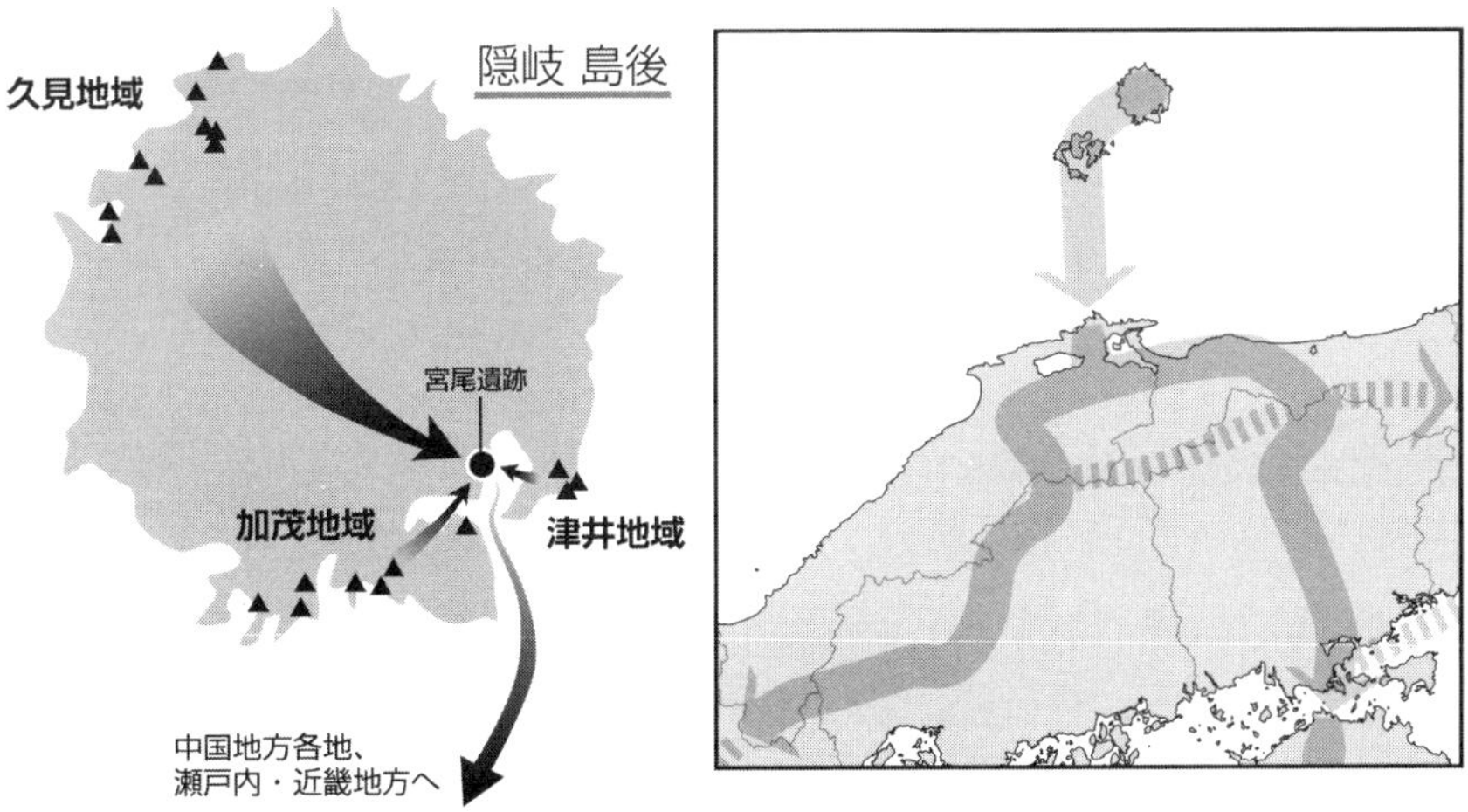

図2-2　隠岐の黒曜石産地［左］と日本列島（古代しまね地区⇒中国地方各地、瀬戸内・近畿地方へ）への流通［右］（島根県立歴史博物館の展覧会図録『隠岐の黒曜石』をベースに筆者が追記）

隠岐の黒曜石は、透明度が高く、割れ口が鋭く、加工しやすいという特徴を持っていて、これが高品質といわれるゆえんです。これらの特性から刃物状の石器の材料として非常に優れており、縄文時代の人々から重宝されました。

隠岐諸島内には、3カ所以上の主要な黒曜石産地が存在します。それぞれの産地で特徴的な成分を持つ黒曜石が産出され、加工もされてきました。このため、隠岐の生産地を含めて、各地の遺跡の黒曜石を分析特定することで、古代の交易ルートを詳細に追跡することも可能です（図2-2）。

(2) 隠岐の黒曜石の特徴と産地、本土や海外への流通

黒曜石は、旧石器時代には矢じりなどの刃物系石器の材料として重宝されました。隠岐島では加茂、津井、久見の3カ所の黒曜石原産地が知られています。その石は旧石器・縄文時代をとおして、広範な地域へ搬出されました。国内についていうと、山陰地方を中心に日本海側を経由した沿岸各地はもとより、中国地方各地、畿内や瀬戸内地域へ流通しています。さらにロシア沿海にまで流通したことがわかっていて、グローバルな存在でもありました。

島根県隠岐の島町の北部の久見宮ノ尾遺跡で見つかったの

は、槍先形尖頭器の未完成品です。そこで島根県古代文化センターは、久見宮ノ尾遺跡（旧石器時代）は黒曜石採取から石器を加工して製作までする「原産地遺跡」だったと発表しました。

筆者も現地の方の紹介で、図2-3に示した、久見地域の黒曜石の露頭黒曜石の露頭部分を八幡さん（地権者）と一緒に探索、試掘させていただきました。急斜面でありながら、尖頭器の発掘部分も含めて良質な黒曜石がいまでも眠っていることがよくわかりました。

図２-３　隠岐島の久見地区の黒曜石の露頭

ここでは約2万2千年～1万6千年前（後期旧石器時代）の槍先形尖頭器の未完成品を含む石器5点と、加工する際に出る破片約1800点が見つかったのです。石器に利用しやすい黒曜石の主要な産地は、国内では隠岐を含め10カ所ほどありますが、原産地遺跡は全国的に珍しいといわれます。

隠岐では産地で加工する技術力を継続保持して、ここから加工した黒曜石器が出雲経由で中国地方を中心に西日本各地に運ばれていたのです。

COLUMN

隠岐島の歴史——有力な神社が目白押し

神々の島といわれる「隠岐」の島ですが、延喜式にも登場する神社4社があります。現存する日本最古の歴史書ともいわれる『古事記』（712年）の冒頭にある国生み神話によると、イザナギとイザナミが、淡路島、四国に次いで3番目に生んだ島といわれているのが「隠伎之三子島（オキノミツゴノシマ）」であり、現在の隠岐諸島です。

日本最古の全国神社リストである「延喜式神名帳」（927年）に記された神社も、隠岐諸島内だけで16社もあります。強い力を持つ神を祀る神社には「名神大社」の格が与えられ、現在の島根県のエリア（令制国で出雲国、石見国、隠岐国の

3国）には名神大社が6社あり、隠岐諸島にはそのうちの4社（伊勢命神社、水若酢神社、宇受賀命神社、由良比女神社）があるのです。

このことは、衣食住に深く関わってきた黒曜石の重要性とつながっているに違いありません。

なお、この島では現在も、冠婚葬祭はほとんど神式でおこなわれており、各神社の宮司さんは多忙な毎日を送っているそうです。

2 玉づくりの勾玉と土器などの作成加工技術

出雲地方では、昔から数多くの「玉づくり遺跡」が発掘されており、花仙山周辺のその代表が「史跡出雲玉作跡」（松江市玉造町）です。出土品としては玉の未成品や砥石などの工具、さまざまな種類の玉製品です。ここの玉づくり技術は、日本の中でも非常に古く、独特な技術を持つことで知られています。起源は明確には解明されていませんが、弥生時代にはすでに盛んに行なわれていたことがわかっています。

(1) 玉作り技術と出雲の玉つくりの歴史

花仙山《かせんさん》を中心とした地域に玉作りの集落が形成され、勾玉《まがたま》や管玉《くだたま》などの玉製品が大量に生産されていたといわれます。

出雲の玉づくり技術の特徴は以下の点が挙げられます。
- 花仙山産の瑪瑙《メノウ》や碧玉の利用：出雲地方の花仙山には、良質なメノウや碧玉が産出され、これらの石材が主に使用されていました。
- 高度な研磨技術：勾玉などの複雑な形状の玉製品を作るためには、高度な研磨技術が必要となります。出雲の玉工たちは、研磨石や砥石を用いて光沢を出す技術がありました。
- 独自の形状：出雲の勾玉は他の地域のものとは異なる、たとえば緒の部分がふっくらと丸みを帯びている「出雲型勾玉」となっています。

特に古墳時代には出雲の玉は全国に流通し、高い評価を得ていましたが、その後出雲の玉作りは徐々に衰退しました。江戸時代末期には若狭の技術を入れ「出雲めのう細工」として再び生まれ変わり、現在も伝統工芸として受け継がれています。

(2) 勾玉の材料、めのうとは

一般に「めのう」（瑪瑙）とよばれているものは、鉱物学的には玉随《ぎょくずい》の一種で、主に細かい繊維状石英の集合体で、まさに昔の宝石、勾玉の原料です。メノウには白、赤、青、緑などさまざまな色をしたものがあります。碧玉《へきぎょく》（ジャスパー）とよばれる宝石も、鉱物学的にはメノウと同じです。

メノウには緑色をしたものがあり、それをヒスイと間違える人もいます。翡翠《ひすい》は美しい緑色が特徴の半透明な宝石です。日本のなかでは糸魚川近辺（新潟県糸魚川市）に産出しますが、名前の由来は鮮やかな青や緑の羽を持つ鳥カワセミで、翡が雄、翠が雌を表しているのです。古くから世界中で珍重された宝石であり、特に古代中国では価値のある石を意味する「玉《ぎょく》」と呼ばれていました。

翡翠はじつは2種類あり、「硬玉」ヒスイ輝石と「軟玉」ネフライトに分類されます。化学組成がまったく異なる2つの鉱物ですが、見た目では区別しにくいことから、19世紀中ごろまで同じ「翡翠」とみなされていました。翡翠の英語jadeも双方を指しており、区別する場合はヒスイ輝石をジェダイト、もう一つをネフライトと表します。宝石として価値が高いのはヒスイ輝石で、ネフライトと区別するために本翡翠と呼ぶことがあります（コラムでヒスイとメノウの見分け方を書きました）。

(3) 花仙山の麓では玉造り工房跡

弥生時代末から平安時代にかけては、貴重な勾玉《まがたま》や管玉《くだたま》の材料として、明治時代以降は装飾品や置物の材料として、玉造温泉街東側の斜面でメノウが採掘されてきました。現在は公園となっており採掘跡などがあります（図2-4）。

図2-4　花仙山の麓の瑪瑙採掘跡

この花仙山《かせんさん》西麓では、溶岩の多くが地下深くまで赤土になり、古代から良質な瑪瑙が産出しています。採掘は昭和50（1975）年ごろまで行なわれ、穴の内部がいまでは整備されて遊歩道沿いの赤土中にも残されたメノウの小さな脈がみられます。

花仙山の麓では、工房跡の玉造り遺跡が30カ所以上みつかっています。昔の装飾品として大規模な工房街があったものと思われ、出雲玉作資料館（松江市玉造）では多くの遺跡から出土したメノウ製品（国指定重要文化財）や道具類などもみることができます。史跡公園は、古墳時代の玉造り遺跡がみつかった場所のひとつで、玉造りの工房が復元されており、古代の玉造りが手軽に楽しめます。まさに玉造《たまつくり》ですね。

COLUMN

翡翠とメノウの見分け方

翡翠《ヒスイ》の加工と出雲の玉作は、どちらも古い歴史を持ち、高度な技術が要求される工芸です。両者には共通点と相違点があり、それぞれの地域で独自の発展を遂げてきました。

松江市の玉造で採れる青メノウを使った「出雲型勾玉」は、天皇の皇位の象徴として2600年以上受け継がれている「三種の神器」の一つと伝えられ、出雲大社とも縁深いもの。玉造では現在でも粛々とその伝統の技術が受け継がれています。

勾玉の歴史を紐解くと、古くは縄文・弥生時代の装具品で、魔除けや幸運をもたらす御守りとして身に付けられました。

古代の人々にとって「青色」は若々しさや健康の象徴だったため、勾玉の多くは翡翠《ひすい》など緑色の石で作られていました。

メノウとヒスイの違いと見分け方を少し紹介しておきましょう。光沢や感触、比重などに差が出ます。

・光沢：ヒスイはしっとりと濡れたような光沢があり、滑らかでざらざらしていません。一方メノウはガラスっぽい光沢があり、つるつるしています。

・感触：ヒスイは熱伝導率が高いため、触ると冷たく感じますが、メノウはガラスっぽくつるつるしています。

・比重：ヒスイは3・2、メノウは2・6で、ヒスイのほうが少し重く感じられます。

ヒスイ輝石同士を軽くぶつけると、「キンキン」と澄んだ音がします。ヒスイ輝石の内部構造が非常に緻密なためです。本物のヒスイ輝石が手元にある場合ですが、調べたい石とぶつけてみると、音の違いで判別できます。

3 土師《はじ》一族の土器製造技術

埴輪や須恵器の始祖といわれる出雲地方の「土師《はじ》一族」の技術は、現代の陶芸にも大きな影響を与えています。たとえば、高温で焼いた薄肉の須恵器をつくる土器の成形技術や焼成技術は、現代の陶芸家たちによって継承され、発展されていますが、その源は古代しまねにあるといってよいと思われます。

古墳時代後期から奈良時代にかけて、土師という姓を名乗る一族が各地に広がっていきました。一族は須恵器の生産に特化していた点で、他の土器生産集団とは異なっていました。

(1) 土師一族の土器、歴史、技術

出雲の土師一族の須恵器は、他の地域のものと比べて独特の形状や文様をもちます。すなわち土師一族は、高度な技術をもち、独自の製品を生み出すことで、日本の文化に大きな貢献をしたようです。古墳時代から土師一族の技術は、以下の要素から成り立っていたと思われます。これらも日本の加工技術や採鉱冶金の源流につながっているのでしょう。

- 原料の選定：良質な粘土の選定は、土器の品質を左右する重要な要素でした。土師一族は、産地によって異なる粘土の特性を熟知し、最適な粘土を採掘取得しています。

また複雑な形状の土器を作るためには、高度な「成形技術」が必要とされ、轆轤《ろくろ》を用いた回転成形や、手捏ねによる成形などを駆使していました。また土器の表面にさまざまな模様を施す装飾技術も高度です。

須恵器は、高温で焼成することで硬く緻密な製品となります。土師一族は、窯の構造や燃料の選定など、焼成に関する高度な焼成技術を保持していたといわれます。

(2) 出雲の土師一族の起源と人々

土師一族の起源について、『日本書紀』には、出雲国出身の相撲で有名な野見宿禰《のみのすくね》が埴輪を発明し、垂仁天皇から「土師職」を賜ったという伝説が記されています。

出雲における土師一族の活動は、古墳時代から奈良時代にかけて特に盛んであったと考えられています。野見宿禰は土師一族の祖先とされ、現代においても「土師」姓を名乗る人々が存在します。

COLUMN

菅原道真と野見宿禰・土師氏の関係

全国ブランドで知られている平安時代の貴族の菅原道真《すがわらみちざね》は、出雲にルーツを持つ人です。彼は学者、漢詩人、政治家で、特別に頭がよく、怨霊の人でもあります。醍醐天皇の時代に右大臣にまで昇りつめました。

彼の生誕地については謎が多く、いろいろな説があります。著者らは、出雲で生まれ育つ中で道真の出身地は地元であると信じています。その理由は、地元の人が学問の神様として日常的にお参りにいくのが、松江市宍道町菅原の菅原道真の生誕地といわれる菅原天満宮だったからです。

この神社の由来書には、明確に「道真の父親が出雲国庁に赴任していた際、菅原氏の祖先である能見宿禰の墓をお参りした。その際知り合った村の娘との間に生まれたのが道真で、6歳で京に上がるまでこの地で過ごした」と書いてあります。現在の松江市にある菅原天満宮の本殿は、松江藩の初代・松平直政公が、寛文3（1663）年に造営したものです。親戚筋の野見宿禰の墓は、菅原天満宮の脇にひっそりと鎮まっています。

菅原道真の家系をたどっていくと、多数の出雲系の出身者にいきつくという不思議な縁もあります。道真の曾祖父は、遣唐使として派遣された菅原古人ですが、元の苗字は土師姓だったのです。当時の光仁天皇より、従五位下の位を授けられたのを機会に、土師から住んでいた大和の菅原にちなんで菅原姓に変えたと伝えられています。

すでに述べたように土師氏という氏族は、もともとは弥生時代の土器製造のスペシャリストだったようです。しかし葬祭にもつながるイメージを持つようで、菅原家ではその名前があまり気に入らなかったようですね。

ただ、縁はつながるようで、大和（奈良）では出雲人形というと、土人形のイメージとなるようです。出雲は菅原道真の生誕の地であるため、天神さんになじみが深い各種土人形が存在しています。これは全国でも突出して美しいといわれる出雲の有名な「今市天神人形」や「張り子の虎」の人形につながっていきます。

4 石州瓦と来待石――伝統のセラミック技術の融合体

夕日に輝く反射光、島根の日本海側のすばらしい赤瓦は、石州瓦《せきしゅうがわら》です。大田市から江津市にかけての地域では瓦の生産が盛んで、特に原料土の産地である都野津《つのづ》周辺には、瓦工場が集中しています。この石州瓦の特徴は比類のない強度と耐久性ですが、ここではその伝統的に発達した技術と融合化技術を中心にしてみましょう。

(1) 石州瓦とそのルーツ、出雲との融合とは?

石州瓦とは、石見地方(旧石見国=石州)で生産されている光沢のある赤瓦のことです。三州瓦、淡路瓦と並ぶ日本三大瓦の一つですが、特に耐久性や強度に優れており、日本海側の海岸や豪雪地帯や北海道などの寒冷地方などに適しており、そういった地方でのシェアが高いのです。

現在は年間約1億枚程度(2008年)が生産されていて、釉薬瓦《ゆうやくがわら》では全国シェアの20%程を占めています。しかし、高価であることや建築様式の変化、素材などの大きな進歩で需要は減り、ビジネス上は新しい展開が必要となっているという側面もあります。

石州瓦と他産地の瓦との大きな違いは、原料となる粘土と釉薬です。石州の粘土は、鉄分の少ない粘土(白土)として地元の都野津《つのづ》層という300~100万年前の海成、淡水成層からなる良質の粘土を使用しているので、高温で焼くことができ、焼き締まって、硬く、水を吸いにくく、寒さに強い瓦ができます。また、海岸付近に多い塩害にも強く、風化しにくいのです。

石見の隣の出雲地方でも石州瓦の家はステータスとされており、緑の築地松に囲まれた、どっしりとした母屋の上に燦然と輝く赤い石州瓦は、人びとの憧れに近いものがあり、筆者の出雲の実家でもこの瓦を使っています。次に述べるように、この石州瓦の技術は出雲と石見の合作といえるものです。

(2) 来待《きまち》ストーン、石州瓦の釉薬は出雲から

ここで来待《きまち》ストーンについて紹介しましょう。この通称「出雲石(学名:来待石)」が取れるのは、宍道町来待(古くは「来海《きまち》」といったそうです)。東西約10km、幅1~2kmの帯状にしか産出しない擬灰質粗粒砂岩で、今から1400万年前ごろ、山陰地方の地殻変動と風化した火山成岩石が堆積してできた石だそうです(図2-5)。

これは「石州瓦の赤い釉薬の原材料」でもあるのです。石

州瓦の赤い表面には、来待石《きまちいし》（来待ストーン）の石粉が「釉薬」として使われています。来待石は1300度という鉄をも溶かす温度でやっと融解しますが、そのため石州瓦にはそれだけ光沢と耐久性がある（輝きを失わない）表面処理が施されているといってよいでしょう。

他の素材のほとんどは、この温度に上げるまでに割れてしまいます。高温に耐えうる石なのです。登り窯での温度調整は大変な苦労があったと聞きます。今はトンネル窯となり、来待釉薬だけでなくさまざまな釉薬が使用され、色のバリエーションも多岐にわたっています。

その歴史と応用などを知るには、地元に「来待ストーンミュージアム」があり、ここでは石の匠たちの技をオブジェや再現映像で紹介しています。

この石は出雲石とも呼ばれ、釉薬用途以外に加工性が大変良いという特徴もあります。300年ほど前、松平の殿様が石の真価を認め、藩外移出を禁じました。藩内専用の加工用として、神社の狛犬や灯篭、手水鉢に多く使われていました。

ちなみに出雲の神社では、狛犬がいまにもとびかからんばかりに立っています。これは「出雲構え」として有名なポーズですが、この細工ができやすいのは来待石だったからかもしれませんね。

またこの地方の家では、柱の土台、階段、飛び石、灯ろうなどの住宅建材、また石臼と、生活に密着した良質の石材として広く利用されています。

図2-5　来待石の採掘場（松江市宍道町来待）

COLUMN

鏝絵——石見の瓦との関係

図2-6　鏝絵の例（温泉津町　安楽寺の鏝絵「龍」）

石州瓦に関連して、石見地方には「鏝絵《こてえ》」という左官職人がつくった芸術作品をみることができます（図2-6）。

鏝絵は、左官が壁を塗るこてで絵を描いたものです。漆喰《しっくい》装飾の一技法で、古くは高松塚古墳、法隆寺の金堂の壁画にあるように長い歴史があります。鏝絵は、石見以外でも静岡（伊豆・松崎）と九州の大分（安心院）が有名です。しかし筆者のひいき目でもありますが、石見の職人は研究熱心のようで、石見の鏝絵がもっとも立体的で迫力があると思います。

石見出身の左官職人「石州左官」の仕事としては、国会議事堂の天井やステンドグラスの周辺、また明治生命館の天井をはじめとする日本の近代建築にも技を残しています。今なお、語り継がれているようで、当時「左官の神様」と呼ばれた職人・松浦栄吉も、この石見出身の左官職人でした。では、石見の職人はなぜ腕がたつのでしょうか。その謎解きをします。

昔の石州瓦は高温で焼くためもあり、結構不揃いなことが特徴でしたが、これでは雨漏りがします。いかにうまく、瓦を整然と並べて、風雨に耐えるようにすることができるか？高温で焼いた瓦はひずみが大きく、不均一、しかし丈夫です。この曲がった石州瓦をいかに活用するか。そこをカバーする（雨漏りしないようにする）のが左官の腕前だったと推定されます。

筆者の実家は50年程度前の石州赤瓦を使っていますが、最近雨漏りすることが多くなったのです。さっそく修理を頼んだところ、なんと「瓦が不揃いなので漏るのは当然、すぐに瓦を交換すべし」との診断が出ました。はてはて、昔は漏らなかったが、瓦が年月とともに反り返ったのでしょうか？　これは考えにくい。直前に石見の左官がつくる鏝絵を見ていたので、問題の本質と解決のヒントが得られたのです。結局、雨漏りの処理は、高価で貴重な瓦を変えることではなく、漆喰をちゃんと塗るという対応により完了しました。

石州の左官職人はなぜ腕が立つのか？　その答えのひとつは石州瓦で、まさに逆境が創った左官の腕前ということでしょう（注：最近の石州瓦は大変均一で丈夫なことが売りものです）。

残っている鏝絵の所在地は石見地区が多いといえます。お寺と神社、豪農、豪商などの家の外壁に多く存在します。個人で尋ねて行くのもよいですが、石見左官の「鏝絵ツアー」もあります。

5 しまねの工器・陶器の歴史と技術

古代しまねには土師氏からの歴史と技術がありました。それが継承され、さまざまな焼き物が現代まで残っています。先ほど述べた石州瓦がルーツといわれるのが、丈夫で長持ちの石見の「温泉津《ゆのつ》焼き」です。このほかにも河合寛次郎《かわいかんじろう》の民芸運動として著名な出雲の出西《しゅっさい》窯、布志名《ふじな》焼き（窯）と呼ばれる焼き物もあります。

(1) 石州瓦からの派生——温泉津の土や長石、温泉津焼き

石見焼きの一つが、アメ色が特徴の温泉津焼きです。その始まりは、江戸時代中期の１７００年代初期の宝永年間にさかのぼり、石州瓦の製法と似ています。すなわち高温窯で焼き固める温泉津の土と地元の長石や出雲の来待釉薬の組み合わせです。

当時、温泉津の町は石見銀山を中心とする幕府天領にあって、銀の積み出しや生活物資の搬入港として大いに賑わっていました。温泉津の焼き物は、その北前船で全国に運ばれ、大小の〝水がめ〟として、温泉津を含めた石見焼きのオリジ

ナル陶器として大ヒットしたといわれます（図2-7）。

今でも、山形県の酒田や北海道の松前の古い屋敷を訪ねると〝アメ色をしたおおきな水がめ〟を見かけることがありますが、それが温泉津焼です。時代とともに瓶《かめ》の需要が減り、一時衰退しました。しかし、今でも陶芸家が集まり窯元があります。温泉津に根を張り、現在は瓶だけでなく食器や花器などの芸術作品を創作しています。

稼動する中では日本最大級といわれる登り窯は、もともと水瓶などを焼いていたそうですが、放置していたものを修復したものです。現在では年2回の焼物祭りの時の火入れ、窯出しなどをへて、花瓶、湯飲みなどさまざまな物を焼いており、機械式の窯にはない面白い作品がみられます。昔と同じ手法で炎が燃え上がるのを見学することができます。

図2-7　温泉津焼

(2) 出雲の焼き物と陶芸家

陶芸家河合寛次郎《かわいかんじろう》は全国的に著名ですが、生誕130年が2020年でした。1890年安来市に大工の棟梁の家に生まれ、無試験で東京工業学校（現在の東京科学大学）窯業科に入学。卒業後、京都市陶磁器試験場に入所。ここで、中国の古陶磁器の釉薬研究など行ないました。30歳で京都の窯を購入し作陶を開始し、76歳で亡くなるまでに作風が3段階に分かれます。中期は柳宗悦、浜田庄司らとおこした民芸運動から、古陶器の技巧を押さえた、日常的な用途に用いる簡素でたくましい陶器へなり、後期は不定形、無定形と称される今までの美的感覚を飛び越えた創作でした。

河合寛次郎が「無冠の人」であったことも付け加える必要があります。まず、中期以降のものからは、作品に河合寛次郎を示す「銘」がなくなりました。銘がないと偽物が出回るという意見に対しては、「それが素晴らしければ、それも本物でしょう」と答えたとのこと。さらに、現世の、栄誉である文化勲章についても辞退しています。

・布志名焼《ふじなやき》

江戸時代に松江藩の御用窯として開かれた窯場で、大名茶人でもあった松平不昧公の好みを反映した茶器が焼かれたといいます。布志名特有の黄釉色絵物が全盛の明治頃は、国内ばかりでなく海外にまでも販路を広げていました。

その後衰退しますが、昭和になって出西焼とおなじように柳宗悦や河井寛次郎、浜田庄司、バーナード・リーチらの民芸運動にいちはやく共鳴し、英国のガレナ釉（鉛の硫化物）に似た黄釉、飴釉などが用いられました。化粧泥で模様を施したスリップウエアと呼ばれる技法もそのひとつです。現在それぞれの窯元とも、布志名焼本来の流れをくみながら、独自の風情を醸し出した作品を作り上げています。

図２-８　出西焼

・出西窯《しゅっさいがま》の鮮やかな出西ブルー

筆者が日常的に使用している素晴らしく深みのある青色の皿があります。出西ブルーとして知られる出西窯で焼かれた陶器です。出西窯の展示販売所である「無自性館」に行くと、いろいろな陶器に混じり出西ブルーの皿があり、いつ見てもいい色だと思います。

出雲市斐川町出西にある出西窯は、昭和22（1947）年、陶芸には無縁の農家の二男、三男が5人集まり創業したといいます。最初は方向性など相当の苦労をし続けていましたが、河合寛次郎、浜田庄司に会い、民芸の話を聞き感銘を受け、その後、柳宗悦、河合寛次郎、浜田庄司、バーナード・リーチなどから指導を受け、日常の実用品としての美を追求しました。国立近代美術館での展示や各種展示会での表彰など中央からの評価も高いのです。現在も若い人に世代交代しながら、焼いています（図2-8）。

COLUMN

高温加熱技術——土器技術と採鉱冶金技術の違い

採鉱冶金技術と土器・須恵器技術の共通点と違いについて整理してみました。採鉱冶金技術は、より高度な技術を必要とし、社会の発展に大きく貢献しました。一方、土器は、生活に密着した実用的な技術として、人々の生活を支えてきました。

共通点としては自然素材の加工として、どちらも自然界に存在する素材を加工し、人間の生活に役立つ道具を作っています。特に火の使用が共通です。金属の製・精錬や土器の焼成には、火が不可欠なのです。どちらも人類の歴史において重要な役割を果たしてきた技術ですが、その性質や手法には大きな違いもあります（図2-9）。

特徴	採鉱冶金技術	土器・須恵器技術
素材	金属化合物の鉱石（銅、鉄など）	粘土＋砂など
加工方法	採掘、選鉱、加熱、鍛造など 手がこんで複雑	成形、乾燥、焼成など シンプル
製品	金属器（刀、斧、鏡など） 壊れにくい	壺、皿、鉢など 割れやすい
必要な温度範囲	高い（特に精錬プロセス） （800～1500℃）	比較的低い（須恵器は高い） （600～1000℃）
保存性	高い（貴金属は腐食しにくいが鉄は錆びるので要注意）	環境によって変化しやすいが基本的に高い
用途	道具、武器、装飾品など	食料の保存、調理など

図2-9　採鉱冶金技術と土器・須恵器の技術の共通性と違い

第3章

出雲の銅とその関連技術

大量の銅剣、銅鐸、青銅器はどこで

第３章に関係ある場所

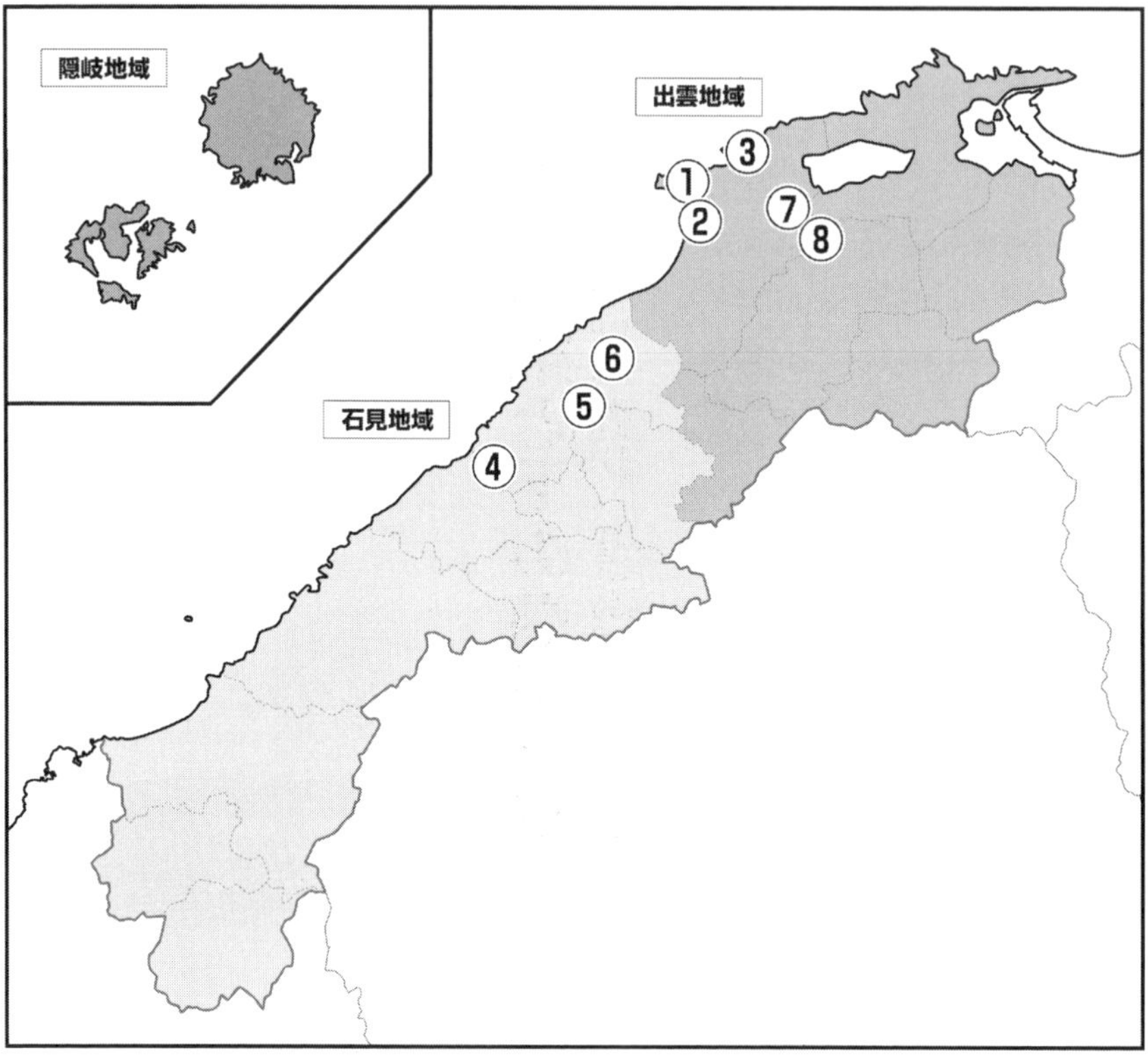

① 鷺鉱山：日本最古の出雲の銅山
② 大国主命の出雲大社
③ 島根半島の黒鉱鉱山：銅、亜鉛、鉛の原料となる鉱石
④ 都茂丸山鉱山（銅）
⑤ 石見銀山（大森銀山）
⑥ 五十猛鉱山（鉛）
⑦ 荒神谷遺跡：山ほどの銅剣の発見
⑧ 加茂岩倉遺跡：いろいろな種類の銅鐸発見

銅の本格的な利用は、お手軽な自然銅の採取時代を経て、銅鉱石である硫化銅（銅と硫黄の化合物）からの採鉱・製錬が主流になります。銅は、世界のなかでも地域的にきわめて偏在していますが、日本は銅の世界的産出国であった時代をかなり長期に持っているのです。チリで銅が大量に発掘（1840年代）されるまでは日本は世界一の産銅国であっただけでなく、少なくとも1920年ごろまでは世界第二位であったといわれます。

その中で古代しまね、特に出雲と石見地方の役割は、まさに先駆的な銅の採鉱に始まり、製錬・精錬技術の実験場だった可能性が高いのです。この技術が銀鉱床、鉄鉱床へと続きます。このように古代しまねは、金属資源が豊かだったといえます。

（注：製錬と精錬の違い　「製錬」：鉱石から金属を取り出すプロセス、「精錬」：鉱石から取り出された金属成分を実用になるように純度をあげるプロセスをいいます）

1 銅はすべての始まり——日本の繁栄と銅資源の産出

古代には自然銅が自由に採取できた時代がありました。今でも銅鉱山近くの神社のご神体や古い家の床の間には立派な自然銅の置物が鎮座している例も多いのです。その昔、銅は「あかがね」とも呼ばれ、元素記号Ｃｕで元素番号（29）、比重（8・94）、融点（1357Ｋ）です。暗赤色をしていますが湿気によって緑青《ろくしょう》を生じます。展性・延性に富み、熱・電気の良導体で合金としても用途が広いのが特徴です。古くからは錫を添加した合金は「青銅《せいどう》」として使われていきました。

(1) 銅と人間のかかわりと日本の鉱山・鉱石

現在でも銅は化学的にも産業的にも貴金属に属しますが、あまりありがたみは感じないのではないかと思います。銅は鉄やアルミニウムについで多く生産されているので、一般的な、ごくありふれた金属の印象が強いと思います。

しかしじつは、製造上1トンの鉱石から抽出できる金属の量は、鉄鉱石が30～60％、ボーキサイトのアルミナが30～55％であるのに対して、銅鉱石は日本で利用していたもので

1%（後年アフリカの巨大な超高品質銅鉱石地帯でやっと4～5%）という程度のため、手間や経費（技術とエネルギー消費も！）は鉄やアルミニウムより高くつくのです。

この理由で品位の低い銅の製錬法は高度な技術が昔から重要だったのです。プロセスは一般的にまず銅鉱石を砕破し、優良な（金属成分の多い）富銅部分（CuS, CuFeS など）のみを集めて焼き、硫黄分を分離し、次にふいごで風を送って加熱し、含まれる鉄分の一部を炉床などの土の成分のなかに入れスラグ化させます。最終的に木炭で風と共にスラグ化部分を還元すると硫黄成分が飛んでいって、銅が残るという算段です。原理的にいうと、鉄の製錬法も一緒です。

このプロセスは銅鉱石の成分によっては有害成分も出るので鉱山師の寿命低下や公害を引き起こします。これも重要な技術課題でした。

・銅鉱石と製錬

自然銅以外での主要な銅鉱石としては、輝銅鉱（Cu_2S）、銅藍（コベリン）（CuS）、黄銅鉱（$CuFeS_2$）また黒銅鉱（CuO）、赤銅鉱（Cu_2O）、藍銅鉱（$Cu_3(CO_3)_2(OH)_2$）、孔雀石（$Cu_2(CO_3)(OH)_2$）、などもあります。

図3-1には日本における銅鉱床（鉱山）の分布を示しています。ある程度の偏在はあるものの、列島全体にわたって存在していることがわかります。

図3-1　日本の銅鉱床と銅鉱山の分布図（山口大学工学部学術資料展示館ホームページの図を基に作成）

(2) 日本の銅の製錬技術——その底力と渡来技術との融合

奈良時代から平安時代にかけての銅の製錬・精錬法は、近世と原理的にあまり変わらなかったようです。すなわち良質の銅鉱を選択し、炉を築き、鞴《ふいご》で送風し、大量の薪炭を費して酸化するという製錬法が、原理的に近世まで行なわれていたということです。

奈良時代には、それまでの銅や鉄をつくる基本的な蓄積技術に加えて、渡来人たちの技術や経験が融合し、奈良に巨大な大仏鋳造を実現させる（741年）ほど発展しました。これは、日本における技術のその後の発展とも相まって興味深い歴史的事実です。

その前の記録によれば708年、武蔵国秩父で日本ではじめて「産業となるレベルで銅が発見」されたことから、この年日本の年号は「和銅《わどう》」となったといわれます。そのくらい価値があったのでしょうが、その時、銅（鉱脈）を発見したのは新羅《しらぎ》からの渡来人とされています。

面白いことに、秩父の和銅遺跡の中心にある神社には、大国主命（出雲大社の神）を主祭神とする「和銅出雲神社」や出雲の眼の神様である「一畑薬師」が祀られています。出雲地方から、製錬・精錬技術を持参した技術者と神々（薬師）とのつながりを感じさせます。

銅の精錬については、先にも述べたように日本では古代からの方法が原理的に変化せず、近世においても使われていました。これは4章で述べる銀の抽出法とも絡んできます。

銀はしばしば銅鉱石のなかに紛れ込んでいます。その銅から銀を分けるキーとなる技術は、融点の差がある2種の金属の合金を加熱して、融点の低い金属を流出させる方法です。たとえば、銀を含んだ粗銅に鉛を加えて溶かすと、融点の低い鉛に銀が熔けこんで流出するのです。いわゆる「抜銀法《ばつぎんほう》」です。古代でも今でもそうですが、銅の精錬にとって抜銀法は経済上かかせないものです。現代の銅精錬においても、銀の回収は、高い銅精錬経費を引き下げるために、きわめて大きな意義を持っています。

この方法は石見銀山に伝えられた「灰吹法《はいふきほう》」の原理を応用したもので、1519年に別子銅山の採銅時に住友家が導入し、花ひらいた技術だといわれています。石見銀山と巨大銅山との技術のつながりを示していて、興味深いものです。

余談ですが、江戸時代初期の日本の銅は欧州で人気があったようです。その当時の銅製品は十分銀が抜けていないので、知る人ぞ知る価値があったといわれています。

(3) 古代の銅の価値とその歴史

歴史的に日本での銅の採掘・使用時期は、すでに述べたように、紀元前における自然銅の利用が始まりです。その後は紀元前後といわれていますが、単純製錬反応（CuSの火力脱硫……）による銅製錬は、600年代まで日本の歴史の記録にはないといわれていますが、実際はその前にもたくさん使われていたと思われます。たとえば、出雲地方から大量の銅剣、銅鐸が発見されており、その製造・埋没時期は紀元前1～紀元後1世紀といわれています。これは、自然銅や輸入銅だけから作成するのはどう考えても無理があり、いずれも弥生時代初期ごろの製錬によると想定されています。

とはいえ、まずは「存在する歴史の記録」から見ていきましょう。特に銅の発見・使用などの記録がありますので、奈良の大仏から鎌倉の大仏までを参考までに示してみました。

元明天皇（708～715年）の代には、鉱業資源の探査員が全国に派遣され、山形・地質・水質・山草・樹木等について熱心に調査して回ったということです。すでに銅製錬技術は確立していたのでしょう。

慶雲5（708）年に武蔵国秩父郡から和銅（自然銅）が献上され、年号を和銅と改元しました。元正天皇（715～724年）は、養老2（718）年に養老律令で贖銅法を定め、銅を官納すると刑を減免することにしたといいます。

次に示すように文武、元明、元正と3代にわたる天皇の積極的な鉱業の奨励策が効果を表し、各地で鉱物の発見が相次いだのは、日本における銅の可採量が世界的であったことの証明にもなっています。

- 698年（続日本書記）、対馬で銅鉱石産出、献上奉納
- 700年、以前に鋳造した富本銭（奈良・飛鳥）が発見される
- 7～8世紀、長登（山口）遺跡（銅山）で、大量の銅の採掘と奈良大仏への使用
- 708年、自然銅発見（武蔵国秩父）、採掘（年号を和銅とする、和同開珎）
- 742年、奈良大仏が完成。高さ15mで、銅-含錫合金（青銅）、総重量250～380トン（500トン必要）、聖武天皇による発願で世界最大の青銅製鋳物
- 1252年、鎌倉大仏が完成。高さ12mで、銅-含鉛合金、総重量120トン（200トン必要）。源頼朝の侍女であった稲多野局による発願での鋳物製

COLUMN

日本の銅生産と輸出入

江戸時代になると、多くの銅鉱山が発見され、鎖国後も銅輸出は続いていました。長崎からオランダ、中国を対象に、銅貿易業者である銅屋がそれを担っていたようです。

1600年代後半になると銅輸出高の増加が著しく、輸出銅の調達と生産の調整が必要となり、幕府は1701（元禄14）年、大阪に銅座を開設しました。

さらに、江戸時代の中期（1700〜1800年代）には、日本は世界最大の銅輸出国（年間数千トンの銅を、中国や欧州に輸出していた）という事実があります。1700年頃の生産は最大時6000トン／年で、世界最大、人口一人当たりでも200グラムで欧州の2倍以上だったといわれています。しかし生産が追いつかず、輸出枠は、次第に減少したといわれます。

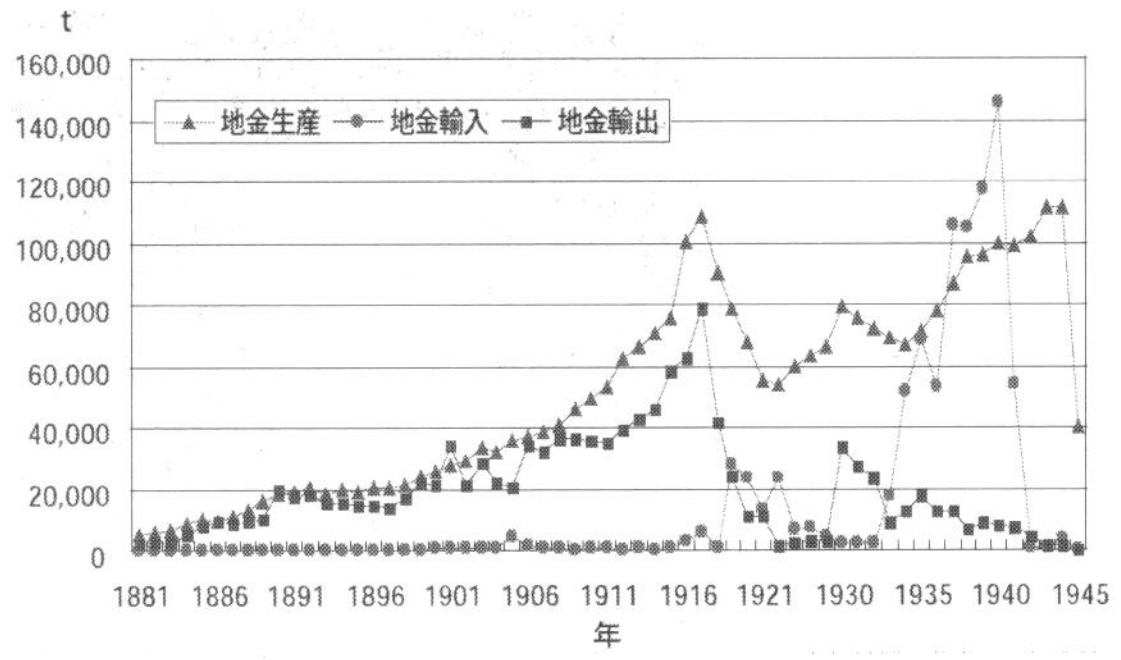

図３-２　日本の銅生産・輸入・輸出推移（1880 〜 1945）（出典：エネルギー・金属鉱物資源機構（JOGMEC）資料より）

参考までに、図3－2で日本の銅生産量の推移、地金輸出、輸入量を明治初期〜大正〜昭和初期までをみていきます。産業革命後の技術革新で、日本の地金産出・輸出はさらに急激に伸びますが、1915年ごろから枯渇が急激におこり、逆に輸入量も急増します。

2　古代しまねの銅と日本中への技術の拡散

古代しまねにおける銅生産や銅の精錬技術の拡散について、断片的な記録しかないのが残念です。ここでは伝聞が多いのですが、それらを筆者なりにまとめたことを述べていきます。今後は古文書というよりも科学的な年代特定ができるような進歩を期待しましょう。

(1)「銅」と出雲についてひも解く　鷺鉱山――日本最古の銅山と大国主命

石見銀山のガイドの方から大森銀山（石見銀山）を発見するきっかけが、出雲の銅山にあるという興味深い話を聞き、それを追いかけてみました。そこでわかったことは、古来から島根全体が巨大な銅の産出地域だったということです。

1526年、神谷寿禎《じゅてい》は島根半島の西部にある鷺浦に向か

図３-３　鷺鉱山
日本最古の出雲の銅山跡

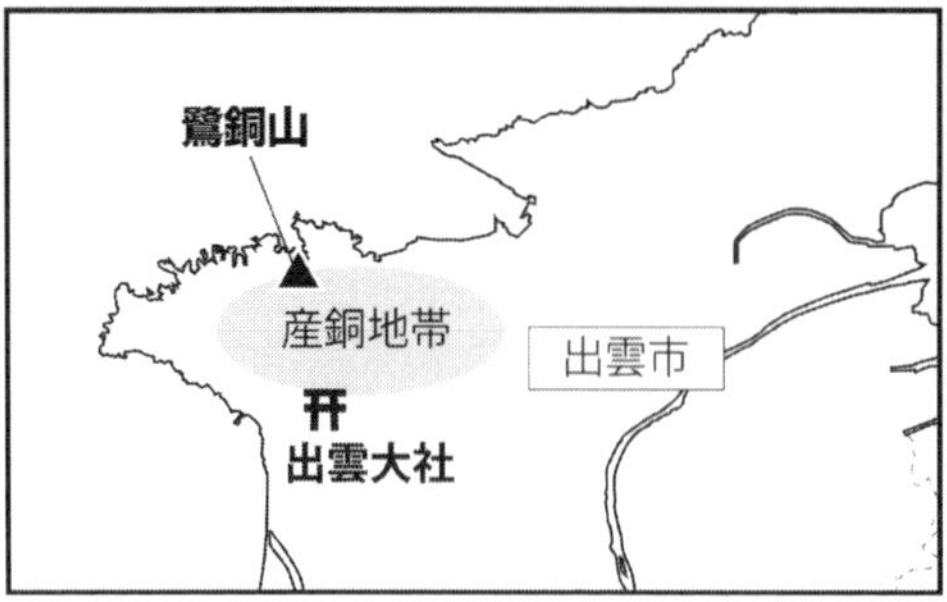

図３-４　島根半島と鷺鉱山、出雲大社の位置関係

う途中、石見で輝く山を発見し、鷺《さぎ》銅山主の三島清右衛門《みしませいうえもん》と共同で発掘しました。これが石見銀山の量産のきっかけとなったと伝えられています。島根半島が銅の生産地であったことは間違いありませんし、神社などに残る古文書に、ここの技術者が全国各地に展開したとの記録もあります。

かつて、この地方では鵜峠《うど》銅山や美保関《みほのせき》近辺から純度の高い自然銅が産出されていて、その流れとして鷺銅山（図3-3）があります。図3-4には島根半島と鷺鉱山、出雲大社の位置関係を示しました。おもしろいことに、この銅山は出雲大社のまさに真裏に位置する、神社の山（ご神体）そのものなのです。

時代的なマッチングさえ確認できれば、いろいろな謎が解決できそうです。たとえば、大国主命の別名「大穴持神」の意味するところは鉱山のオーナーという解釈もあり、鷺地区にある神社は出雲大社の摂社で、さしずめ銅山の管理者という見方もできるのです。

また、大国主命の異名「八千矛神」は、たくさんの鉾を持った神だったことを意味します。出雲大社本殿の位置を考え合わせると、銅山はまるで御神体（相当の位置）です。この福の神（大黒様）が持つ「うちでの小槌」のなかには、製錬・精錬のプロセスノウハウが山ほど詰まっていたのでは、というように妄想は膨らんでいきます。実際、出雲大社の奥の山は銅と各種鉱物の宝の山だったのですから。

また、大社町杵築《きつき》の「杵」は鉾を意味するため、杵築で鉾を鋳造したのでは、と考えることもできます。荒神谷などから銅剣、銅鐸が大量に出土（すぐ後で述べます）した背景も、これで理解できるかもしれません。

そこで、出雲大社のパワーの源泉は銅や銀だったという仮定もできます。行ってみるとわかりますが、鷺銅山に通じる道は出雲大社本殿のすぐ脇を通るより他にないのです。出雲大社の設立意味はまだまだ奥が深いといえます。出雲大社を出現させた出雲の財力、大和朝廷におそれられた理由は、独断・偏見的に言うと、この地域の金属材料技術とも大いに関係がありそうです。

(2) 石見の都茂丸山鉱山から奈良大仏まで

益田市にある都茂《つも》鉱山（都茂丸山）は、9世紀後半にその名があらわれ、鷺銅山を除いて記録に残る限りでは島根県最古の金属鉱山といわれています。この鉱床の他にも多くの鉱床があり、それらはスカルン鉱物など（金や銀少量含み、あとは銅、鉛、亜鉛など）となっており、実際に浮遊選鉱を行なって銅精鉱と亜鉛精鉱を採取していました。このため1987年まで操業が続いていた島根県最後の金属鉱山ともいえます。

この鉱山は、16世紀に石見銀山（大森の銀山）が発見・開発されるまでは、中世の石見地方として益田地方の繁栄を支えた要素のひとつといわれています。

一方では石見銀山を開発した技術と関連があるといわれ、日本を世界経済の舞台に押し上げた「シルバーラッシュ」の発火点が石見銀山ならば、都茂丸山鉱山は出雲地方の鷺銅山と並んで人的、技術的にもその導火線の役割を果たしたと考えられます。

図3-5　都茂丸山鉱山（益田市美都町都茂）

実際に地元の方に案内していただくと、図3-5に示した近代的な採鉱跡だけでなく、たくさんの古代の採鉱穴跡（間歩）も山の中腹に点在していて、結構な規模の銅山だったことがうかがえます。

日本の非鉄金属（特に銅が主体）鉱山は、すでに述べてきたように７世紀末から８世紀に最初の開発ラッシュがありました。その動きを象徴する出来事が８世紀中頃の奈良の大仏造営（青銅製の仏像では今でも世界最大！）でした。

中国地方でもこの時期に銅山の開発が進んだらしく、７世紀末にさかのぼるとされる長登銅山（山口県美祢市）は全国でもかなり古い銅鉱山として知られています。石見での銅山開発の記録として最も古いものは、『続日本後紀』（８３６年）に石見で銅を採った旨の記述があり、これは都茂のことだと推定されています。都茂の名があらわれるのは『日本三代實録』（８８１年）で、都茂郷丸山で銅を採ったことが記されています。

（３）古代しまねにおける黒鉱の存在——錫、鉛なども近所から

これまで、しまね地方の銅についてみていきましたが、銀の精錬（灰吹）や銅の合金化に必須の鉛も、石見（大森）銀山のすぐそばの「五十猛《いそたけ》鉱山」（現在：石見鉱山、大田市五十猛）に存在します。

ここの鉱床は、中新世久利層中に胚胎する黒鉱鉱床で、微細な鉱石鉱物粘土よりなりＣｕ１・８％、Ｚｎ１・５％、ｐｂ５・２％金属が含まれていたと分析されています。

ガイドの方に案内していただき、鉱山跡に行きました。当時の徒歩＋牛馬圏に金属をとり出し銀や銅との合金にするのに必要なほとんどの材料が揃っていたことが、実際に歩いてみてわかりました。産業革命前の世界中でも、このような場所は世界的に珍しかったと考えられ、これら古代〜中世しまねの技術蓄積は、大久保長安によって、佐渡はじめ日本中の鉱山へ広がっていくことになります。

日本列島の中の島根半島などには、約１６００万年前の海底火山によりできた各種金属と石膏の鉱床があり、これは外観上の黒っぽさから黒鉱と呼ばれてきました。海底火山によってつくられた緑色凝灰岩《グリーンタフ》が広く分布しますが、鉱床は黒鉱鉱床と呼ばれ、銅や石膏が採掘されてきています。

この鉱床分布域の中心的な場所である出雲市の唐川《からかわ》町の南にある韓竈《からかま》神社周辺には、金掘り地区の地名や自然銅、野タタラ跡があり、岩船伝説や鉄器文化伝承のある地として知られています。また、近所の河下町の唐川川右岸にあった鰐淵鉱山は、黒鉱型石膏鉱床であり、緑色凝灰岩と泥岩の境界付近に層状をなしています。ここでは銅、亜鉛、鉛の原料となる鉱石が産出し、かつては地域の主要な産業となっていましたが、１９７７年に閉山しています。

3 ザクザク出てくる銅の祭器たち……その出生は？

　昭和の終わり（１９８３年）に出雲市斐川町の山間の荒神谷《こうじんだに》で最初は銅剣が大量に、また銅鐸と銅矛もいくつか出てきました。さらに13年後、近くの加茂岩倉《かもいわくら》遺跡（雲南市加茂町岩倉）からは銅鐸が大量に出土しています。これには歴史学者、考古学者などがひっくりかえったといわれています。

(1) 青銅器関係の驚異の発見(銅剣と銅鐸、銅矛)

　それまで、著名な歴史学者も含め、出雲の神話は「神話」としてしかとらえてなかったようです。それがいきなり現実の王朝パワーが、出てきたようなものだったからです。たとえば銅剣については、それまでに日本全体から発見されてきたものの総量より多い本数（三五八本）が、１カ所から出てきたのです。

　遺跡から発掘された銅剣、銅鐸などの多くは国宝に指定され、出雲大社の近くにある「古代出雲歴史博物館」（出雲市大社町）に展示されています。ここには、出雲大社関連、『出雲国風土記』関連のさまざまな資料や実物などが、その歴史的な解説やイラスト、映画などとともにわかりやすく展示されています。大量の国宝の銅剣を眺めていると何度行っても飽きないし、そのたびに脳細胞が刺激されるスポットになっています。

　このことは、古い時代にこの地域に栄えた巨大な文化圏（王国）があった証拠となります。実際に荒神谷遺跡、加茂岩倉遺跡に行って発掘現場を見ると、古《いにしえ》の姿と人々の暮らしがしのばれ、まさに古代の歴史ストーリーを体験できます。発掘された遺跡と銅製品について解説しておきましょう。

(2) 荒神谷遺跡――山ほどの銅剣の発見

　荒神谷遺跡とその発見の歴史について少し紹介しましょう。昭和58（１９８３）年、広域農道の出雲ロマン街道建設にともなう遺跡分布調査で、調査員が斐川町の田んぼのあぜ道で一片の土器（古墳時代の須恵器）を拾ったのがきっかけとなり、発見されました。図３-６には荒神谷遺跡の銅剣の発掘現場の写真を示してあります。

　荒神谷遺跡は、『出雲国風土記』に記載されている出雲郡《いずものこほり》の「神名火山《かんなびやま》」に比定されている仏経山《ぶっきょうざん》の北東３㎞に位置する斐川町神庭《かんば》西谷にあります。

　神庭という名前からしてそれらしい遺跡発掘の場所ですが、遺跡の南側に「三宝荒神」が祀られていることから荒神谷遺跡と命名されています。翌昭和59年、谷あいの斜面を発掘調査したところ、小さな谷間の標高22mの南向きの急斜面で、358本の銅剣《どうけん》が埋納された状態で出土しました。昭和60年には、その地点からわずか数m離れて銅鐸《どうたく》と銅矛《どうほこ》も出土しています。現在は荒神谷史跡公園となり、中に博物館も設置されています。

図3-6　荒神谷遺跡の発掘現場（出雲市斐川町神庭）

（3）加茂岩倉遺跡――いろいろな種類の銅鐸発見

つぎに、平成8（1996）年10月の「加茂岩倉遺跡」での銅鐸の発見です。荒神谷遺跡の銅剣の発掘が一段落したころ、大量の銅鐸が出土し、この地区は再び全国の注目を集めたのです（図3-7）。

図3-7　加茂岩倉遺跡の発掘現場モデル（雲南市加茂町岩倉）

もともと出雲市の隣の雲南市は、「ヤマタノオロチ退治」神話の舞台となった斐伊川の中流地域であり、これらを取り囲むように広がる山々など、豊かな自然に育まれた地域です。現在は銅鐸出土地のすぐ傍に「加茂岩倉遺跡ガイダンス」があり遺跡への総合案内施設となっています。

この雲南市が属する中国山地は花《か》崗《こう》岩《がん》地帯であり、この母岩に含まれる良質の砂鉄を使って、古墳時代から鉄が作られてきたところでもあります。原始、古代から近世にいたる鉄の歴史や文化を物語る遺跡がとりわけ多い地方といえます。

ところが、今回は青銅器である銅鐸の出土です。総数39個で、1カ所からの出土としては全国最多です。出土した数の多さもさることながら、写実的な絵画を持つ銅鐸や、同じ鋳型で造られた銅鐸が多く存在することでも注目を集めました。

総数39個のうち、絵画のついた銅鐸は全部で7個ありました。銅鐸の身（銅鐸の胴体部分）の表面に、網目状の斜格子《しゃこうし》文《もん》で埋められた帯が「田」の字に配置してあったり、トンボやシカ、イノシシなどの動物が描かれているのもあります。

これらの製造時期については、いまだに定説はありませんが、紀元前1世紀～紀元後2世紀の間といわれています。描かれた絵に違いはありますが、銅鐸の大きさ、文様の構図や配置に共通点の多いのが特徴です。同じ工人集団によって造られた「連作」銅鐸とも考えられます。

製造場所は出雲で造られたものではないかといわれています。その理由は他地域で出土している絵画銅鐸と比べ、描かれた絵が写実的であるということのほかに、袈裟襷文の描き方に大きな違いがあるからです。銅鐸を造った集団の中心地は一般には近畿地方といわれます。このように加茂岩倉銅鐸には、近畿地方の工房や銅鐸出土地では見られない特徴を持つ銅鐸もあるというのが、出雲と大和の関係を考えると興味深いところです。

材料技術的には、出雲地方には古来から銅鉱山と鉄関連技術が背景にあり、出雲での採鉱・製錬・鋳造は十分可能と考えられます。原料の調達や輸送手段も含めて考えると地元産と考えられます。まだその証拠となる鋳型は見つかっていませんが、いつだれが見つけるかがミステリー的な楽しみです。

さて、金銀銅が自然の形で存在し、採取できた時代には、製錬も精錬も不要でした。しかし、採鉱する道具としては、何があったのでしょうか。また、自然金、自然銀、自然銅といっても大きい塊で出てくるだけではありません。ほとんどが破砕、選定という作業が最低限必要だったわけです。そのための道具が身近になければ採取もできなかったのでしょう。最初は石器から始まって、石器の加工から、金属を使った効率の良い方法への変換があるはずです。

まず、銅から青銅の道具化があります。最終的には仏具や祭器（大仏を含む）のような装飾関係、貨幣といったところに古代では行きつきます。

現代ではもちろん、銀や銅は高電気伝導率（熱伝導率）の材料として、電気や電子時代の花形金属になってきますが、古代はそうでもなかったのです。本書では5章でのべるように鉄の活躍の時代がきます。

COLUMN

銅器は稲作や刃物として使えない！　では？

金属の中でも銅（青銅）器は、稲作道具や刃物として長く使えない点に留意してください。銅や青銅器は食事、装飾、鏡、祭器などには使えますが、農機具や武器などでは一般には使えないことを明確にしていきましょう。

鉄器は銅に比べると圧倒的に堅くて強いのですが、つくるのが大変だといわれていました。しかし必ずしも、溶解しなくてもつくれるとすると、歴史がすこし変わってきます。そうなると銅の製錬技術レベルで十分に鉄がつくれるということになります。このことは結構重要です。溶解しない鉄、いわゆる海綿鉄の鍛造技術があったとすれば、日本刀を鍛える方法と同様に、鉄器は充分に使えたことになります。これも今後解明すべき点だと思います。

余談ですが、近年の金属の研究結果では、古代の黄銅鉱の製錬では、銅と鉄の金属が一緒にとれる場合もあり、場合によっては同時期に鉄が道具化されていた可能性もあります。銅は簡単には朽ち果てませんが、1章でのべたように、鉄は容易に酸化して錆《さ》びるので、あまり遺物として残っていないのが残念です。

4 古代の銅の活用――奈良大仏、貨幣など

銅という金属に着目すると、古代の用途として貨幣鋳造と仏像などの祭器、さらに大仏の造営が大きな用途として出現します。大仏の話とともに、貨幣の鋳造は国家制定の実権を中央に集中することを目的とします。持統天皇が６９４年に唐の制度にならって初めて鋳銭司（じゅせんし・ちゅうせんし）をもうけました。そこでは貨幣の自前の鋳造を試みましたが、最初は大量の銅の入手が困難なため実現しなかったようです。元明天皇は和銅元（７０８）年、武蔵国より多量の良質な和銅が貢献されたことにより、鋳銭司を近江国に置き銅の貨幣「和同開珎」を鋳造しました。

(1) 奈良の大仏の鋳造

大仏の鋳造は、天平16（７４４）年の起工より、天平勝宝３（７５１）年まで8年費やしました（図3-8）。これに用いた金属は、熟銅（精錬銅）81・５万斤（４８９t）、白錫（不純物を含む錫）１・３万斤（７・８t）、練金１・２万両、水銀５・８万両といわれています。大量の銅、錫はどこから採取されたかは明らかでないようですが、摂津、但馬の近場

だけでなく、山陰地方の諸銅山（長門、石見、出雲）から供給されたのであろうと推定されています。金鍍金《めっき》に使われた大量の水銀は当時から国内に多く産出しました（中央構造線近傍）。金は東北地方産の国内で増産がなされたものの必要量を確保できず、一部朝鮮半島から輸入したともいわれています。

(2) 古代日本の貨幣（硬貨）とその材質について

日本に金属製の貨幣がはじめて現われたのは、7世紀の近江朝時代のことで、私的に鋳造された「無文銀銭《むもんぎんせん》」という貨幣が、日本最古の貨幣だと考えられています。無文銀銭は直径約3㎝、厚さ約2㎜の銀貨で、これまでに大和国や近江国などの遺跡から約120枚出土しています。7世紀末の飛鳥時代には「富本銭《ふほんせん》」という日本最古の銅銭が作られる（図3-9）ようになりました。

そのあと、708（和銅元）年に国内で産出された自然銅が朝廷に献上され、和銅という元号に改元されると、これを記念して「和同開珎」（わどうかいほう・わどうかいちん）という銅銭が製造（図3-10）されました。それ以降、250年の間に12種類の貨幣が造られています。朝廷が発行した貨幣という意味で、これらは「皇朝十二銭」と呼ばれています。

図3-8　奈良の大仏の鋳造イメージ
別名盧舎那《るしゃな》仏は3カ年、8回の鋳継ぎにより天平勝宝元（749）年10月に仏身が鋳造完成したといわれる（出典：石野亨著『鋳造　技術の源流と歴史』産業技術センター）

図3-9　飛鳥池工房遺跡出土　富本銭と鋳棹（飛鳥資料館資料より）

図3-10　皇朝十二銭のうちの和銅開珎のイメージ（名古屋刀剣ワールド資料より）

しかし残念ながら大量に必要とされたので、新たに発行されるたびに形は小さく軽くなり、また、各地で銅の生産量が低下したことから時代の流れとともに材質も劣化の一途を辿ることになったのです。材料学的に言うと、皇朝十二銭の1番目にあたる和同発行時（708年）は1文で米2kgの価値がありましたが、835（承和2）年に発行された承和昌宝以降は、1文の価値が当初の100分の1から200分の1にまで低下していたと言われています。

また、10世紀以降の延喜通宝、乾元大宝に至っては、銅不足から鉛の含有量が高くなっており、「鉛銭」と呼ばれるほど品質が低下した貨幣が多く製造されました。このように質が落ちたため民衆の銭離れが起こり、政府の力も弱体化し10世紀末には皇朝銭の鋳造は中止されました。皇朝十二銭以後、約600年間は、公鋳貨幣が造られなくなるのです。

COLUMN

現代の日本の硬貨について（種類と成分）

現代（2025）のコインの種類：材質・直径（㎜）・重さ（g）について、以下に示します。現代の日本の貨幣ラインアップは、ほとんどが銅合金ですが、1円玉だけアルミニウムがつかわれています。

1円：アルミ100％　20・0㎜　1・0g
5円（黄銅貨幣）：銅60〜70％、亜鉛40〜30％　22・0㎜　3・75g
10円（青銅貨幣）：銅95％、亜鉛4〜3％、スズ1〜2％　23・5㎜　4・5g
50円（白銅貨幣）：銅75％、ニッケル25％、21・0㎜　4・0g
100円（白銅貨幣）：銅75％、ニッケル25％　22・6㎜　4・8g
500円（ニッケル黄銅貨幣）：銅72％、亜鉛20％、ニッケル8％　26・5㎜　7・0g
（出典：日本銀行「にちぎんキッズ」『お金の博物館』より）

第4章

石見の銀と世界の仕組みを変えた流通

第４章に関係ある場所

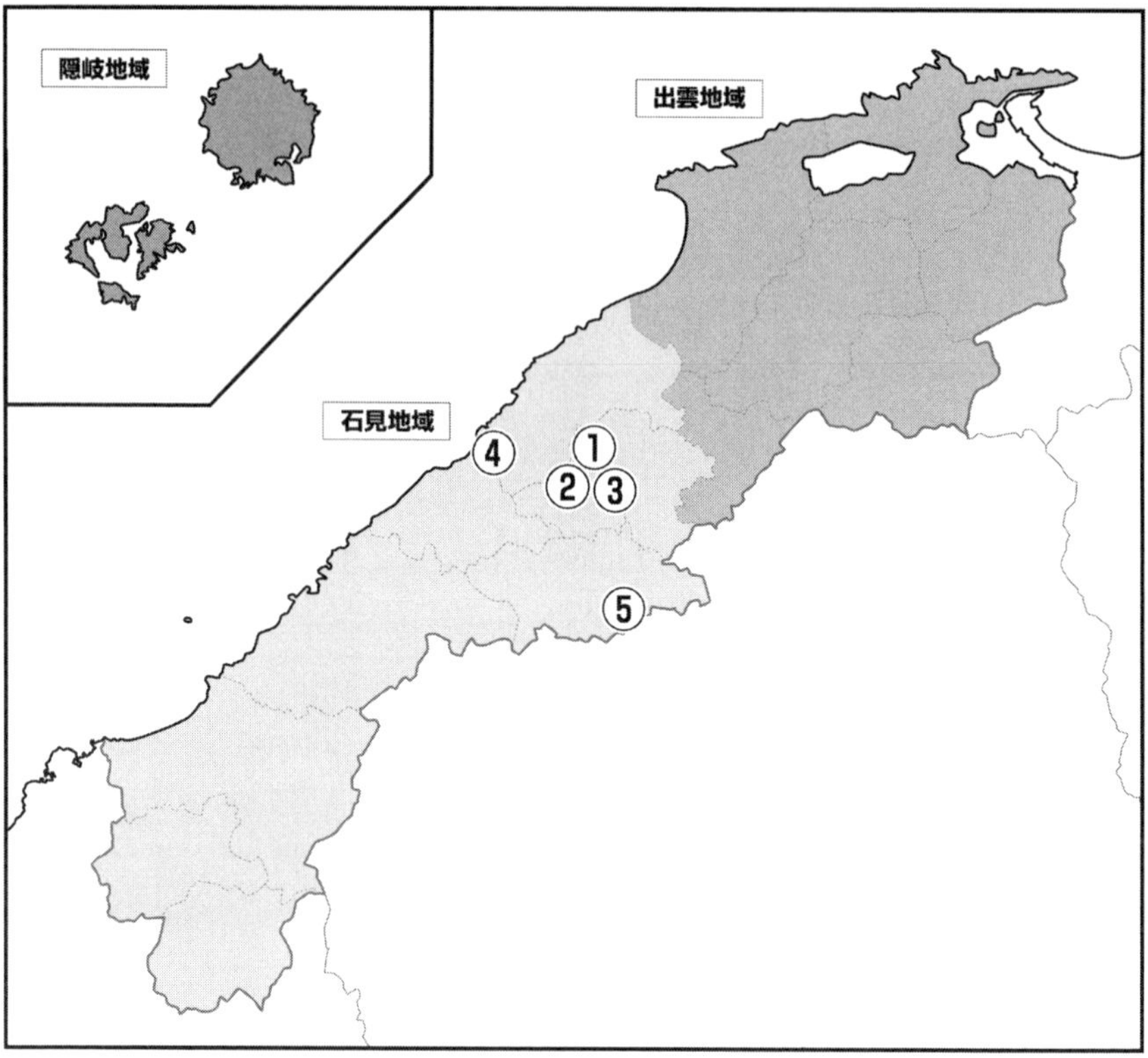

① 石見銀山世界遺産センター

② 大森銀山（大森銀山資料館と龍源寺間歩、大森町銀山通り）

③ 大久保間歩（石見銀山の一部）

④ 沖泊港と温泉津温泉（銀の積み出し港と銀山街道）

⑤ 大林、久喜地区の銀山

本書で述べる石見銀山は１３０９年に発見、１５２６年には本格的に採掘開始され、１９２３年に休山するまで約４００（６００）年間採掘されました。古代しまねの地域でいうと、石見国の大森銀山を指します。世界遺産にも指定され16世紀半ばから17世紀前半の全盛期には、世界の産銀量の約3分の1を占めていたと推定されています。

銀は古来「しろがね」ともいわれ、加工のしやすさも特徴です。高い展延性を持ち、加工時に折れたり割れたりせずに薄く伸ばすことができます。電気伝導率、熱伝導率、可視反射率が金属の中でも最も高く、錆びにくく変色しづらい性質を持っています。そのため、電子機器や太陽光パネルなどの工業製品に欠かせない素材として需要が高く、近年では太陽光発電用などに使用されています。

1 銀のグローバルな価値と日本の銀鉱山

銀とは元素記号Agで美しい白銀色の輝きを放ち、そのように見えるものとして「銀塊・銀箔《ぎんぱく》・銀貨・銀杯・銀牌《ぎんぱい》・白銀・水銀・洋銀」などもあります。

最初に「銀」が発見されたのはＢＣ４０００年頃、アナトリア半島カッパドキア（現トルコ中部高原）で、粒状の銀がつくられたと言われています。現在知られている最古の銀製の宝飾品（ＢＣ３０００年頃）は、古代シュメール人（現イラク南部）の埋葬遺跡で発見されています。ＢＣ２５００年頃には鉛と銀を含んだ合金から銀を精錬（灰吹法）した残渣が、現代のアルメニアで発見されています。

（1）銀鉱山の発見とグローバルな価値とは

世界の主要な銀鉱山とその歴史についてみましょう。石見銀山（１５２６年本格採掘開始）も世界レベルですが、１５４５年にスペイン人が銀の大鉱脈を発見したのはポトシ銀山（ボリビア）です。それ以降、石見銀山と並んで世界二大銀産地として世界経済に影響を及ぼしました。そのほかにはメキシコのグアナファト銀山やサカテカス銀山があり、ま

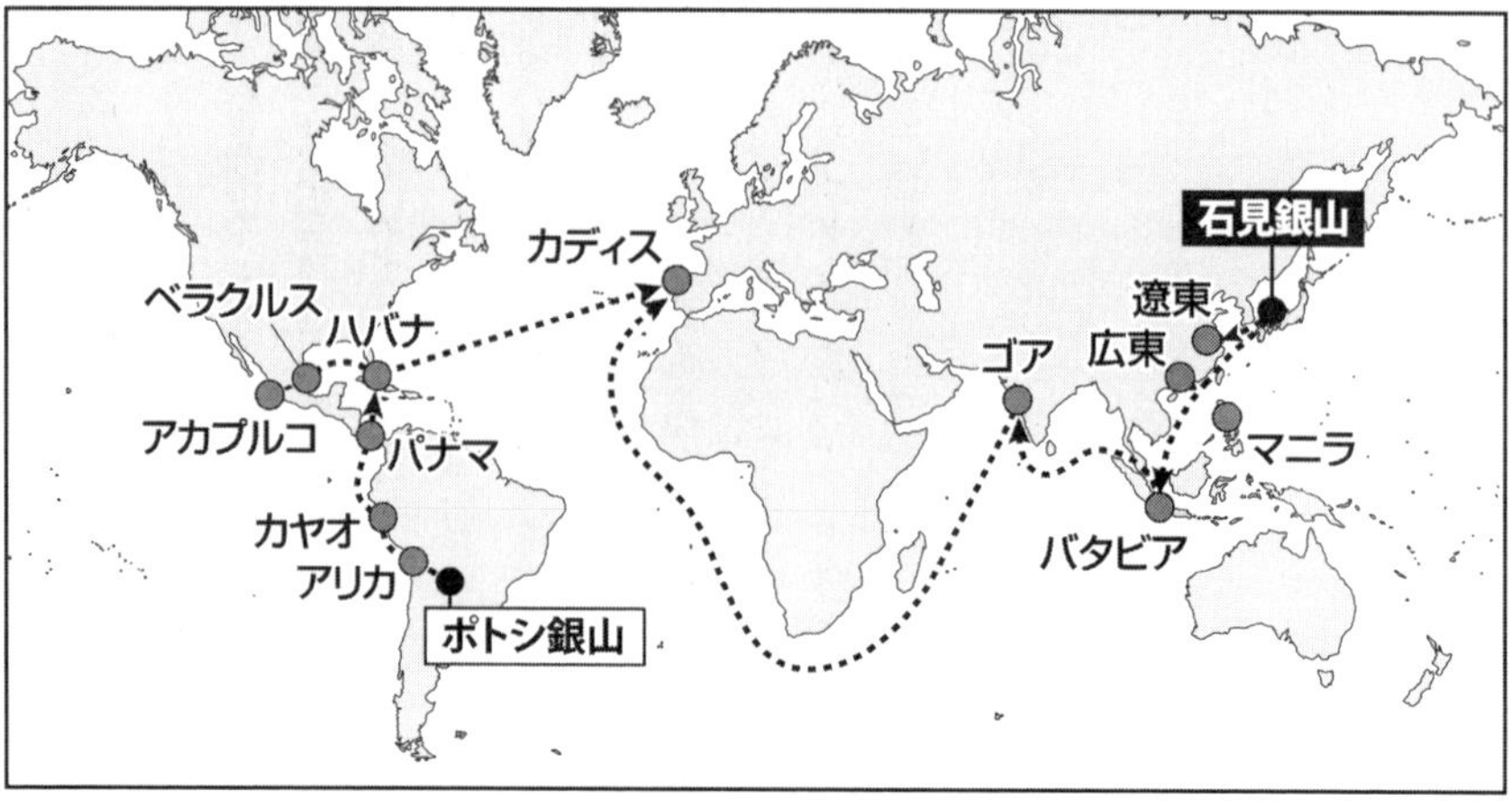

図4－1　16世紀、日本（石見）の銀と世界の銀の流れ
（出典：豊田有恒著『世界史の中の石見銀山』［祥伝社新書］の図に筆者が加筆）

たスペイン中部にある銀鉱山でアルマデン銀山はローマ時代から採掘の記録があります。スロベニア西部にある銀鉱山のイドリヤ銀山も15世紀に発見されました。

銀は古来から高い価値があり、金と同様の値動きしやすい側面から「貧者の金」とも呼ばれており、実物資産や投資用として根強い人気があります。経済の不確実性が高まる中で、多くの投資家が金と同様に安全資産とされる銀に注目しています。ただし銀の価格は、工業需要の増減によって大きく変動します。銀の生産ランキングはメキシコ、ペルー、中国など政治・経済的に不安定な国が多く、生産国の情勢によって銀価格が左右されることもあります。

(2) 銀の貿易と日本の地位と技術

17世紀初めの日本の銀生産量は世界の3分の1（世界の生産量は450トン）だったといわれています。当時、中国では銀による納税が定められていたため、銀の需要が増していました。スペイン、ポルトガルは銀による中国との交易を望んでいましたが、日本の銀を密輸する集団が参入することで、中国との交易ができたといわれています。

その後イギリス、オランダは日本との交易を始めます。17世紀はじめ頃の外国の文献などには、「ソーマ（Soma）銀」

（石見銀山のある場所は当時佐摩《さま》村と呼ばれていました）という上質の銀が輸出され、スターリング（英ポンド）決裁圏を支えていたことが記してあります。

図4-1には、16世紀における世界の銀の流れと日本の銀について示してあります。石見銀山からの銀は広東、マニラ、バタビア（現ジャカルタ）にわたり、またポトシ銀山からの銀はハバナにわたり、最終的に欧州（ポルトガル）を目指しています。日本の外来語にポルトガル語が多い理由は、このことも大きいでしょう。

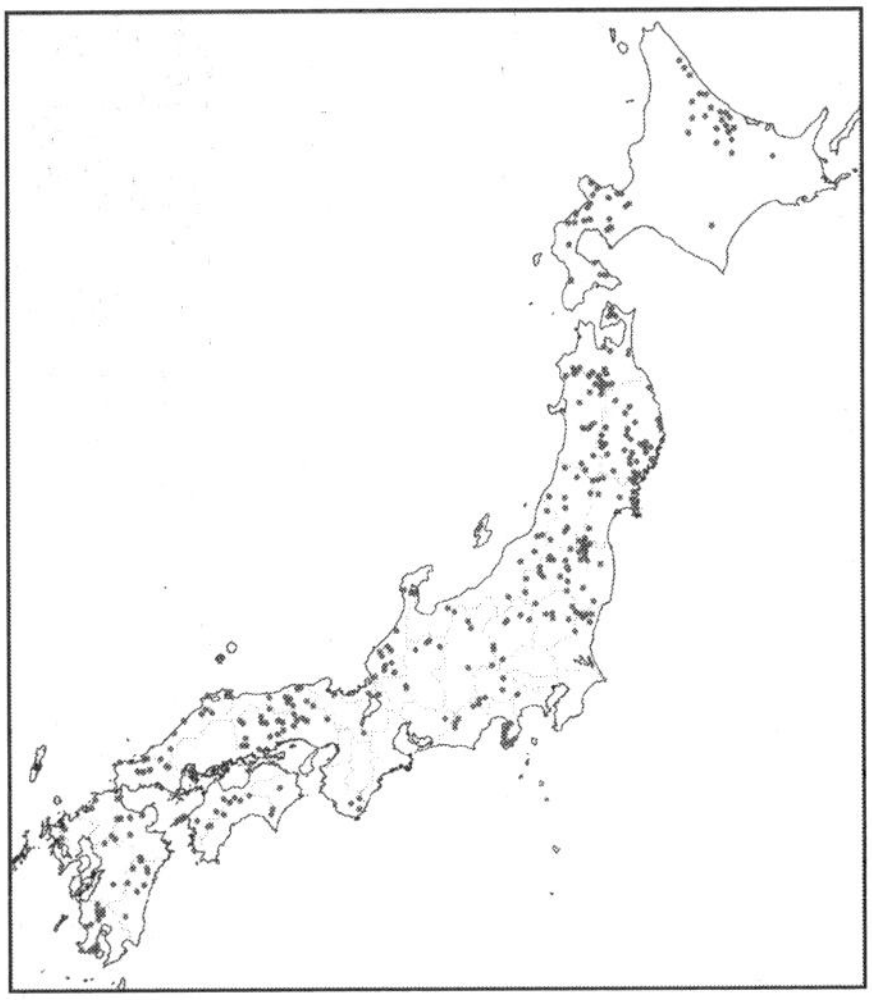

図4-2　日本の中の金銀鉱床と主要な鉱山
金と銀は一緒に出ることが多いため共通した地図になっている（山口大学工学部学術資料展示館ホームページの図を基に作成）

(3) 銀の鉱石と製錬法

銀（Ag）という貴金属について、採取・製錬法について整理します。自然銀は特徴的な樹枝状で、空気中の酸素と結合して酸化すると表面が黒くなって見つけにくくなります。一方で鉱石としては、ほとんどは硫化系化合物Ag_2Sの形が多くなります。そのほかに、濃紅銀鉱（火閃銀鉱）のAg_3SbS_3、淡紅銀鉱のAg_3AsS_3は毒性があり、要注意です。

採鉱可能品位については、銀は100g・トン程度以上必要です（金は7g・トンといわれます）。また金銀は合金として共存することも多いので、銀の分離は精錬の際重要になります。図4-2は日本の中の金銀鉱山です。日本中に分散立地しているのがわかります。

2 日本の銀の歴史と製錬・精錬技術

(1) 日本の銀の発見と鉱山の歴史

日本における銀は、自然銀などの歴史は当然ありますが、大量に見つかって採掘された記録としては、以下『続日本紀』に記載されている600年代以降のものとなります。

・天武天皇3(675)年　対馬国《つしま》(長崎県)からわが国で初めて銀が発見され、朝廷に献上された
・持統天皇5(691)年　伊予国《いよ》(愛媛県)から銀3斤8両(2・1kg)および銀鉱石1籠を朝廷に献上

さらに平安時代には、摂津国《せっつ》、多田銀山(兵庫県)からも産出の記録『壬生家文書』(1037)があります。生野と多田の銀(銅)山遺跡は、現在でも見学可能です。

石見銀山は、1309年に発見された記録が『銀山旧記』にあります。それより古い日本の銀山をあげると、対馬銀山(長崎県)、但馬国《たじま》、生野銀山《いくの》(兵庫県)があげられます。簡単にその歴史を振り返ってみます。

●対馬銀山　長崎県対馬市にあった銀山遺跡です。日本最古の銀山という説もありますが、現在は跡地が残るのみとなっています。対馬銀山の歴史は古く、対馬国司が朝廷に銀を献上したことが記録されています。また、中国の史書である『宋史』にも対馬銀山は登場します。その記述によると、対馬は白銀が採掘できる地域として有名だったようです。

対馬銀山の存在は世界にも知られていましたが、一度衰退しました。江戸時代、対馬藩が経営を再建し、途中で町人主体の経営へ移行するなどしましたが、幕末には再び衰退しました。

●生野銀山　807年に銀が発見されていましたが、本格的な採掘は1542年に始まります。織田信長、豊臣秀吉、徳川家康の各時代に直轄地とされ、江戸時代にはひと月で約5~600kgの銀を産出しました。1896年に三菱合資会社に払下げられましたが、1973年に資源減少により閉山しました。

（2）銀の製錬と灰吹法の基本

・銀の製錬、精錬技術の流れ――４００年の進歩とフォローアップ

銀鉱石を構成する鉱石鉱物は、硫黄（S）とアンチモン（Sb）、ヒ素（As）などと一緒に出やすい傾向がうかがえます。しかし、石見の大森銀山では、ヒ素などの毒性成分がほとんど含まれず、鉱山の水がそのまま飲用になりました。こうした人間にやさしい自然条件も、この石見の大森銀山が長い間隆盛を誇った要因と考えられています。

銀の製錬方法についてですが、硫化物や酸化物からの銀の取り出しについては、基本的に銅の場合と同様で、空気による酸化と木炭による還元の組み合わせです。さらに純度を上げる精錬方法の「灰吹法《はいふきほう》」は、飛躍的に銀の回収率を上げるものとして石見銀山で使われていました。この技術は、文字通り銀合金から銀を吹き分ける方法で、朝鮮半島から招いた慶寿《けいじゅ》と宗丹《そうたん》という2人の技術者によって導入されました。

この技術によって銀の精錬技術は飛躍的に発展し、日本は良質の銀を増産し、東アジアにおける経済の変革と東西文化の交流を導きました。その後、この灰吹法は生野《いくの》銀山や佐渡《さど》金山などの全国の金銀鉱山に普及したのです。このことが、石見（大森）銀山が近代的な日本鉱山技術発祥の地と呼ばれるゆえんとなっています。

（注：日本国内での銀の精錬は、かつては16世紀の「石見銀山」（島根県大田市）が最も古い例とされていました。しかし1997年、本飛鳥京跡の「飛鳥池工房遺跡」において、近世に導入された骨灰を用いた灰吹法と同じ原理の、凝灰岩製坩堝《るつぼ》を用いた灰吹法で、銀の精錬が行なわれていたことが判明しました。ここは出土した木簡などから、7世紀後期から8世紀にかけての天武・持統天皇期の遺跡とされています）

・灰吹法による銀の製錬工程とは

灰吹法《はいふきほう》が石見銀山に導入された当初、鉄鍋を使っていたことが、発掘調査によって明らかとなっています。その時代、大変貴重だった鉄器具が鉱山道具に使われていて、これは出雲・石見の鉄生産の歴史とだぶってきます。

つまり、製錬の共通技術としての「火と風」の使い方だけでなく、「鉱山開発の土木工事（坑道、縦穴、横穴［水抜き、ポンプ］）」にも技術は横展開しました。さらに鉄製品の使用などにより、作業の大幅な効率化をもたらしたと考えられます。

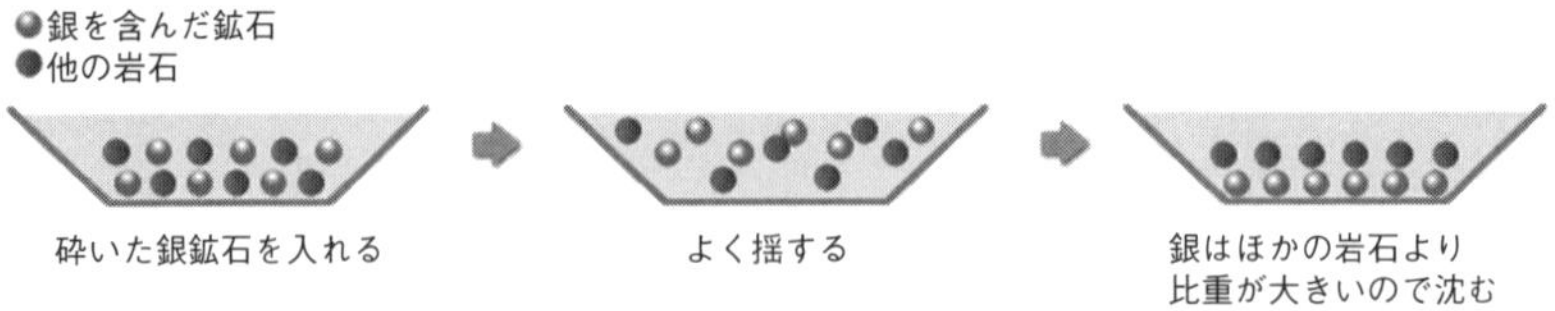

図4-3　工程1：選鉱　銀鉱石を銀成分の豊富な部分に選り分け

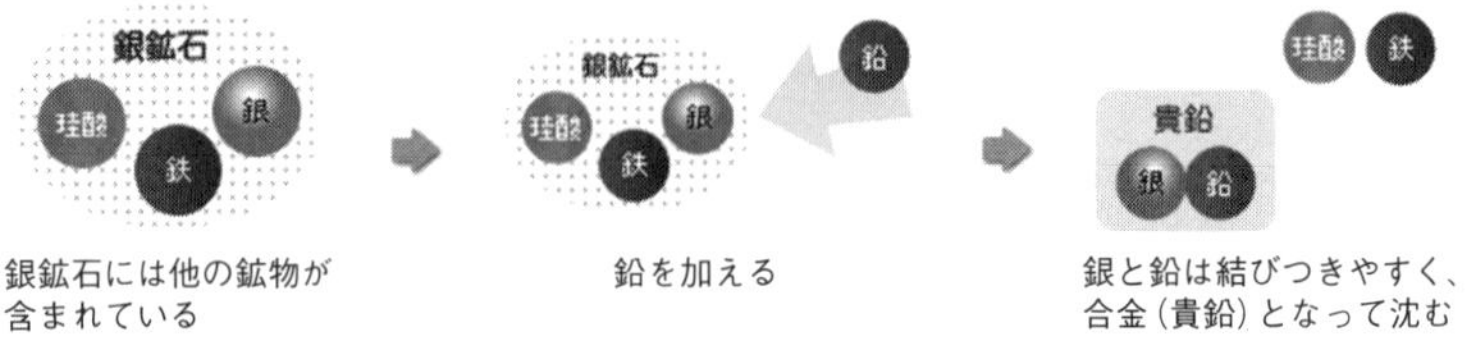

図4-4　工程2：素吹《すぶき》　加熱して溶融し合金化

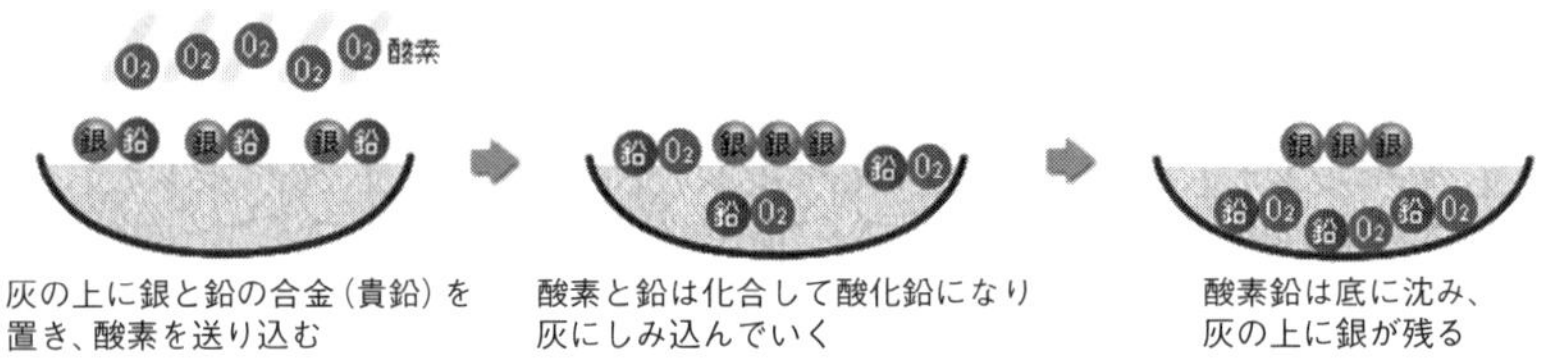

図4-5　工程3：灰吹《はいふき》・清吹《きよぶき》　鉛を灰に吸収させて除く
（上3図とも、しまねバーチャルミュージアムホームページより）

具体的な灰吹法の工程をみていきましょう。

工程1として、銀鉱石を銀成分の豊富な部分に選り分け（選鉱）をします。具体的には凹みのある「要《かなめ》石《いし》」の上に載せて、かなづちで砕き、それを水の中でゆすりながらより分ける作業です（図4-3）。

工程2では、加熱して溶融し、合金をつくります。いわゆる素吹《すぶき》であり、細かな銀鉱石に鉛を加えて溶かし、浮き上がる鉄などの不純物を取り除くことで貴鉛《きえん》（銀と鉛の合金）という母合金を作ります（図4-4）。

工程3は灰吹《はいふき》・清吹《きよぶき》で、銀を溶かす鉛分だけを灰に吸収させるものです。すなわち銀を多く含む貴鉛を「灰吹床」で加熱して溶かし、灰へ染み込ませ、灰の上に銀だけが残るよう分離させることを繰り返します。灰吹銀の純度を上げるのです（図4-5）。

筆者も大学の冶金実験のときにこれを行なったことがあります。あら不思議、見事に灰の上に銀の粒が出現し、マジックのように感じたことを思い出しました。原理がわからないときは、まさに錬金術そのものと見えたのでしょう。

COLUMN

日本の銀の生産量と用途とは

銀資源の現状と展望について考えます。エネルギー・資源学会などの統計値をみると、中世の日本の銀の産出総量や一人当たりの銀の生産量は、中国や西欧にくらべて、日本が何倍も多いことがわかります。

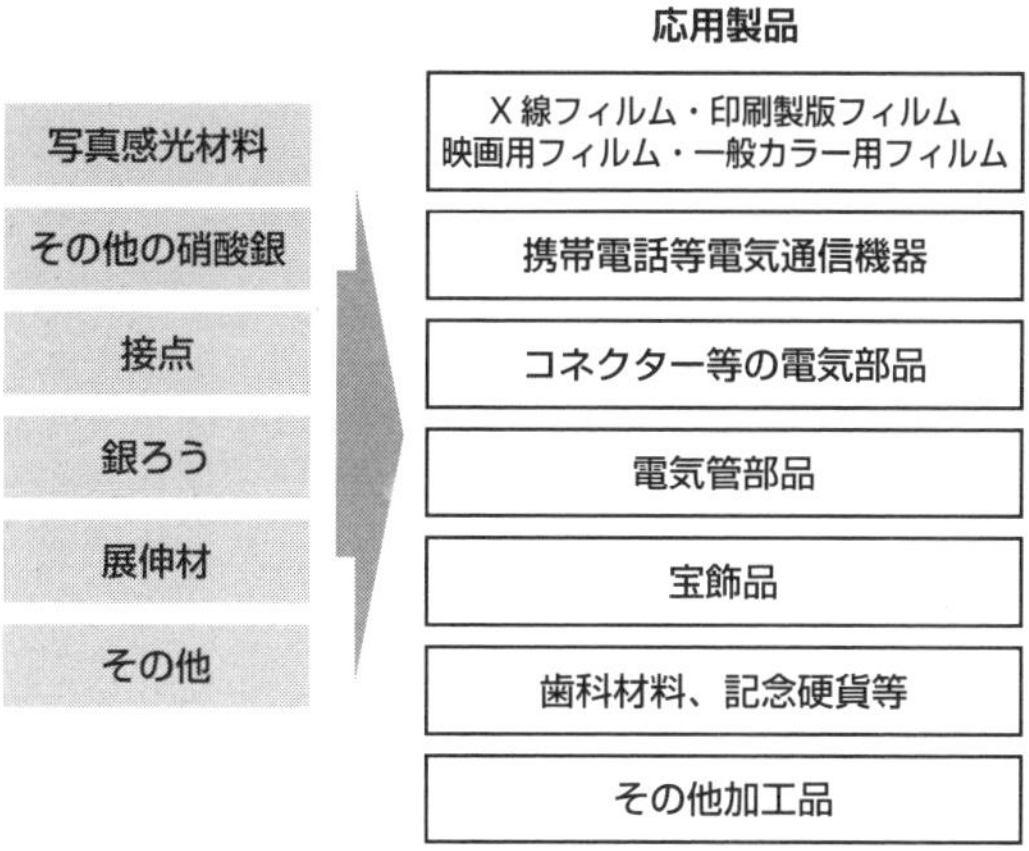

図４－６　銀の主な製品と用途（金属鉱物資源機構（JOGMEC）金属資源情報サイトの図を基に作成。2018年頃の統計；現在では写真用の銀は減少している）

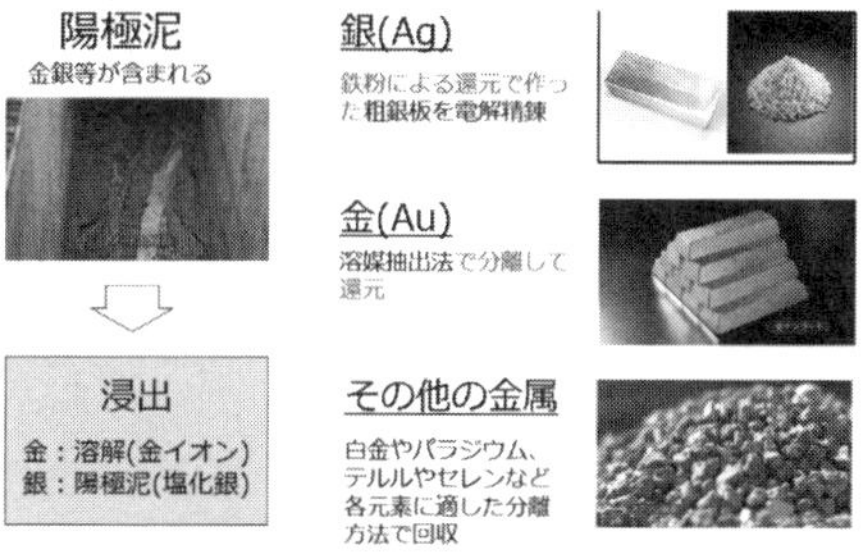

図４－７　都市鉱山　陽極泥からの貴金属の回収例（公益社団法人 化学工学会ホームページより）

銀の用途としては、古来から食器や装飾、貨幣用が主流でした。また、金属の中ではもっとも熱伝導率が高いことから、電気を通す電線や接点などに使われました。また反射率が高いことから鏡、下地材や一時は写真フィルムの現像材（硝酸銀）などが明治以降主流でした。現在では写真がデジタル化されたことから写真フィルム用は激減しています。

主な用途については、２０１８年ごろのデータでは図４-６に示したように特殊な写真フィルム用はありますが、電気接点、展伸材などです。一方では「投資」も大きな用途になっています。

また、現在の銀の生産にあたっては、図４-７に示したように金と同様に「都市鉱山」と呼ばれる電子機器の廃品などからのリサイクルによるものが増えてきています。現在、日本の銀のリサイクル率は約30％と推定されています。

ちなみに国立研究開発法人ＮＥＤＯの計算によると、日本におけるリサイクル品から採取可能な銀の量は約６万トンと推定されており、世界有数の埋蔵量となっています。

3 石見の銀山（大森銀山）

石見銀山は、すでに述べてきたように17世紀前半の大航海時代にかけて世界の銀産出量の約3分の1を占めていた日本銀生産の中心地で、アジアやヨーロッパ諸国の経済や文化の交流に影響を与えた世界有数の鉱山遺跡です。もう少しくわしくみていきましょう。

（1）石見銀山の歴史と世界遺産登録

石見銀山は、１５２６年に九州博多の豪商、神屋寿禎《かみやじゅてい》によって再発見され、１９２３年に休山するまで約４００年にわたって採掘されました。高品質で信用が高く、海外にも大量に輸出され、アジア諸国とヨーロッパ諸国を交易で結ぶ役割を担ったのです。もちろん戦国大名の軍資金や江戸幕府の財源として使われました。日本の対外貿易史では、銀の果たした役割が重要であったといわれ、技術の伝来も興味あるところです。ちなみに16世紀後期の朝鮮では日本の豊かな銀の流入により密貿易が横行し、これを規制するほどだったといわれています。

２００７年7月にユネスコの「世界文化遺産に登録」されました。正式名称は「石見銀山遺跡とその文化的景観」であり、この世界遺産の面積は５２９・１７ｈａで、それぞれ「銀鉱山跡と鉱山町」、「港と港町」、「街道」の３つの分野に分類されます。

銀を製錬する工程では大量の木材が使われていましたが、植林が計画的に進められています。現在も産業・技術的な遺跡というだけではなく、豊かな森林が残っていて、自然や文化的エコシステムとして景観もポイントです。

（2）石見銀山の鉱床と鉱石

石見銀山が開発された当初は、良質の銀鉱石を含んだ「福石鉱床」を中心に鉱石の採掘が行なわれました。次第に「永久鉱床」にも着手されるようになり、銀のほかに銅の生産も行なわれました。図４-８に示したのが石見銀山の鉱床例で、福石鉱床と永久鉱床の違いのイメージを示してあります。

石見（大森）銀山隆盛の原動力は、「福石」（自然銀＋針銀鉱（輝銀鉱、図４-９）であり、濃紅銀鉱（火閃銀鉱（Ag_3SbS_3）、淡紅銀鉱（proustite、Ag_3AsS_3）などの有害物質は含んでいなかったことが幸いしています。

（3）大森銀山の各種間歩と大久保間歩見学記

鉱石を採掘する穴を「間歩《まぶ》（＝坑道）」と呼びますが、現在でも世界遺産・石見銀山遺跡には大小さまざまな間歩が残っており、約1000箇所確認されています。いくつかの間歩は公開されており、江戸時代以前と推定される縦横に走る手掘りによる坑道と、明治時代の開発で機械掘りによって坑道を拡幅した様子の双方を見ることができます。採掘技術の変遷を伝える貴重な遺跡とされています。

一般に入れる間歩は「龍源寺《りゅうげんじ》間歩」ですが、そのほかにも「釜屋間歩」、「新切間歩」、「大久保間歩」、「福神山間歩」、「本間歩」、「新横相間歩」の7つの間歩が国の史跡として登録されています。

付近には露頭掘り跡もたくさん残されています。代表的なもの以外に、写真のような名も知れない間歩（図4-10）が数百もあり、番号で管理されています。これらをたどるのも

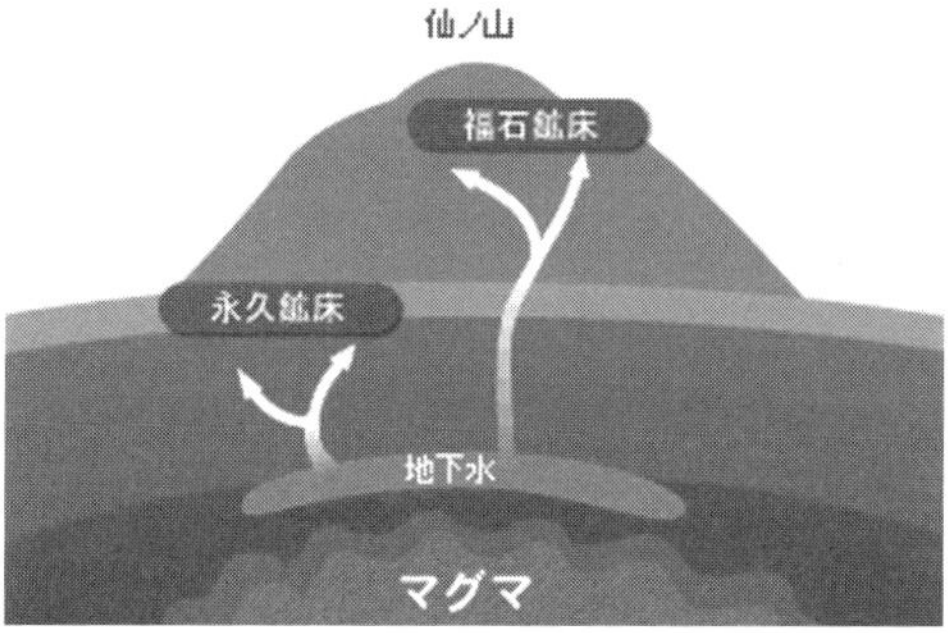

図4-8　石見銀山の鉱床例　福石鉱床と永久鉱床
（しまねバーチャルミュージアムホームページより）

図4-9　石見銀山の銀成分を多く含む「福石」
（おおだwebミュージアムホームページより）

図4-10　大森銀山の間歩（坑道）の例、No.517

また一興です。

筆者のおすすめは「大久保間歩」（図４-11）です。この間歩は石見銀山で最大級のもので、初代奉行を務めた大久保長安（本章コラム参照）が馬に乗り槍をもって入ったとされます。大規模の採掘場として、高さ20ｍ、奥行き30ｍ、横幅15ｍの坑内にはいると、結構壮大な空間があります。世界遺産登録後、安全対策を施して全長９００ｍのうち一部が、ガイド付き限定ツアーとして公開されています。

図４-11　石見銀山最大級の坑道跡・大久保間歩の入り口付近

COLUMN

石見の守、大久保長安の生涯と悲劇

石見守大久保長安は興味深い山師で役人です。１５４５年、猿楽師の大蔵太夫十郎信安の次男として生まれ、甲斐武田の蔵前衆から武田氏滅亡後、徳川家康に見いだされます。関ケ原の戦いに勝利した徳川家が石見銀山を直轄することになった慶長６（１６０１）年、初代石見銀山奉行に任じられました。

その卓越した知識と経営的手腕によって、江戸時代初期のシルバーラッシュをもたらしたことで知られています。開発した大久保間歩は、石見銀山では最大規模を誇っています（予約すると見学もできます）。その後佐渡奉行、次いで伊豆金銀山奉行を兼ね「天下総代官」と言われました。

これらはすべて兼任の形で家康から任命されています。通常は直接在任地へ赴くことはほとんどなかったらしいのですが、長安は石見へは都合6回も訪れた記録があります。このことからも石見銀山を重視していたことが伺えるとともに、石見を中心にした中にさまざまな足跡や寄進が見られます。

たとえば、慶長10（１６０５）年に建立した正覚山大安寺境内には、墓碑（逆修墓）と、寛政６（１７９４）年に事績を顕彰して建てられた紀功碑と五輪墓があり、手厚く祀られています。彼の死後のことを考えると不思議な気分になります。温泉津町の愛宕神社《あたごじんじゃ》や、恵洸寺《えこうじ》にも墓碑（再建もの）が残されています。

晩年に入ると、全国鉱山からの金銀採掘量の低下から代官職を次々と罷免されていくようになりました。1613年脳卒中のために駿河において69歳で死去。その後、生前に長安が金山の統轄権を隠れ蓑に不正蓄財をし、そのうえ謀反を企んでいたという理由で、長安の7人の男児と腹心は全員処刑され、家財は残らず没収されました（大久保長安事件）。これは幕府内の陰謀という説もあるミステリーですね。

4 銀山周辺は産業遺産というよりエコシステム

銀山周辺は周囲の自然環境が豊かだという点が登録審査の段階で評価されたといわれます。海外の鉱山遺産のほとんどは掘削した状態での荒れ果てた裸山といわれますが、石見銀山遺跡は森に覆われています。このあたりについて触れてみましょう。

(1) 銀の波及遺産「銀のみち」——自然システム遺産

石見（銀山）が、銀を基軸にした日本国内の物流や東アジア交易において重要な役割を果たしていたことはすでに述べました。世界遺産としては世界中で鉱山関連史跡が10カ所以上登録されていますが、石見はその中でも特別視されています。というのも、ほかの遺跡は鉱山自体と製錬所などの施設《ハコモノ》のみが対象ですが、石見には運搬路や積み出し港なども含まれており、採掘・生産・物流という一連の文化的流れ（景観）をシステムとして持っているからです。

これは銀を掘りながら植林を行なってきたからで、森林の涵養力は坑道掘削時の涌水軽減にもなります。当然ながら製錬の際の火力と還元剤の炭素としても使え、日本人のエコ精神が世界遺産に反映された自然システム遺産といってよいでしょう。

具体的なルートとして銀山として栄えた大森町の町並みから始まり、「間歩」と呼ばれる坑道、そして製錬所跡やそれらを統治した戦国時代の山城跡を巡ります。健脚の人なら運搬路の「銀の道」（国内の銀の流通経路）を歩き、日本海側まで抜けてみるのも一興です。

一見すると何の変哲もないただの入江が沖泊港という銀の積み出し場（図4-12）です。実際に行ってみると、ここから16～17世紀の銀本位制だった世界経済の大半を占めた石見銀が世界に向け輸出されたという話は、にわかに信じられない気持ちになります。

石見銀山の開発初期は、鞆ヶ浦《ともがうら》（島根県太田市）が銀の積出港であったのですが、その後、同じ日本海にある温泉津《ゆのつ》の沖泊が銀の積出を担うようになり、「温泉津・沖泊道」が利用されるようになるのです。余談ですが、その港の近くにある温泉津温泉は労働者の憩いの場だったようです。温泉街としては唯一の世界遺産に繋がって昔の風情をそのまま残している場所です。

徳川江戸幕府の初代銀山奉行に着任した大久保長安が、陸路で、より大量の銀を運び出せるように、中国山地を越えて尾道の港までの道を整備しました。瀬戸内海にある尾道の港が銀の積出港としての機能を担うようになったのが「尾道道」と「笠岡道」です。石見銀山からの瀬戸内海への銀の輸送は幕末まで行なわれました。これらの道は、いまでも当時の雰囲気を残しているところがたくさんあります。

（2）銀山で栄えた大森の街並

石見銀山の中心地であった大森の街は「銀の道」にとっても拠点の街でした。整理すると、日本海へ抜ける道と、瀬戸内海へ抜ける道とがあります。日本海へは鞆ヶ浦に向かう「鞆ヶ浦道」と、温泉津（温泉）の港である沖泊に向かう「温泉津沖泊道」。一方、瀬戸内海へは宇賀（広島県三次市）までは同じ経路で進み、尾道に向かう「尾道道」と、笠岡に向かう「笠岡道」とに分かれます。

旧街道にそった大森の古い町並み（図4-13）は、今でも見ごたえ十分で、古い庄屋やお寺のあと、さらに賑わった商売の町だったことがうかがえます。付近には露頭掘り跡もたくさん残されていますが、それにもまして目につくのは、お墓の墓石の数と跡です。最盛期には20万人が住んでいたという地区の歴史はまさに墓標にあらわされているといっても過

図４-１２　石見銀が世界に輸出された沖泊港の現在

図４-１３　石見銀山の中心地であった大森の街

図４-１４　久喜・大林銀山の坑道跡

言ではありません。

(3) 周囲の鉱山跡——中山間の久喜・大林銀山複合地域

奥石見の邑南《おうなん》町には、世界遺産の「石見銀山遺跡」に勝るとも劣らない銀鉱山遺跡があります。ここは、江戸時代に天領・石見銀山御料の一角だった久喜、大林銀山（図４－14）なのです。

石見銀山が世界遺産に登録され、石見地域も少しはにぎやかになりました。この地域に劣らない遺跡として「中山間の銀山地帯」があります。それは邑南町に存在する「久喜・大林銀山地区」の銀山遺跡で、しだいに熱い歴史スポットになりつつあります。

まず、邑南町郷土館（邑智郡邑南町）へ行きました。中には、江戸時代から現在までの民具、旧石器、考古資料がありました、銀山との関係が深かった佐貫家に伝わる文書などに、「建久年間（１１９０～１１９５）にどこか不明なるも銀山を発見し、山神社と神宮寺を建立」とありました。石見（大森）銀山の発見より早く、鎌倉時代にさかのぼる記録もあるようです。

さらに5章で述べるたたら製鉄関係の資料など貴重な興味

あるお宝資料がはみ出すように陳列されていました。特に、この地方のたたらで製作された良質鋼「出羽鋼《いずわはがね》」の刀剣や天秤ふいごの一式などは見ものです。突然の訪問に鍵を持ってかけつけていただいた職員の方は「まだまだ整理が必要で」と言っていましたが、必見の価値ありです。

本題の久喜、大林銀山関連の資料は少し離れた所にありましたが、そこもお宝の山でした。いろいろな資料と説明をいただきましたが、「久喜・大林銀山」は、１１９０年久喜銀山が発見されて以来８２０年間、各有力者が争奪合戦を行なった場所とのことです。

地元のキャッチフレーズをそのまま記すと、「２００箇所を越す間歩群、24箇所の精錬所跡、30ａ以上の広さを今も残す『からみ原』、レンガ造りの煙道跡が見所」とのことです。

実際に行ってみると、多数の「間歩」と精錬所跡（１５０カ所以上あると説明をうける）、広大なからみ原（銅の精製時に発生するケラが地面に置いてある）など、興味深く、山の中に分け入りたくなりました。随所に「間歩」「寺院跡」の看板が立ち、自然と同居しているという意味では、石見大森銀山とは異なる雰囲気の一大歴史自然公園地帯となっています。久喜銀山の大きな間歩は、明治時代のものが多く、大森銀山よりは近代ですが、その分だけわかりやすい遺産になっています。近代鉱山技術などに興味のある方にはおすすめの地帯です。

まだ整備はされていませんが、お宝（技術遺産）がたくさん眠っている「隠れ里」でした。ガイドをお願いもできて、大変詳しく説明をうかがうことも可能です。途中でお会いした地元のお年寄りの方のお話では、何とかこの資産に陽が当たるように、草刈や、木の剪定、道の整備など一生懸命やっているとのことでした。

COLUMN

石見銀山の「いも代官」井戸平左衛門の知恵

井戸平左衛門《いどへいざえもん》は、米蔵や米穀の出納などを行なう勘定役を30年間勤め、遅まきながら60歳のとき石見銀山の代官に任命されました。赴任して直面した享保の凶作の折、富農や自らの出資に拠る食糧を買い集めての提供、年貢減免の温情処理、幕府の許可を得る前に米蔵を開き救済に奔走したなどで、ここでは餓死者は1人も出なかったと伝えられています。

最大の功績は薩摩からサツマイモを取り寄せ栽培することを思いついたことです。実際に苦労して種芋を取り寄せ、徐々に栽培は広がりました。病気のため、62歳で生涯を閉じましたが、死後、人々は「いも代官」とよび、各地に碑をたて遺徳を偲んだといいます。

代官もしょせん役人・行政官と意識すると何も期待できませんが、彼が自らの判断で領民のために何をすべきかということをよく理解し実行したことは、全ての行政官の手本でしょう。人より遅い出世でしたが、それにくじけず実践したのはすばらしいことです。

現在のマスコミが作り出す善悪の構図に反するようでこのような例は稀（?）でしょうが、いつの世も変わらない庶民の願望と知恵を実現してくれた歴史的な銀山に残る名代官伝説と読みました。

第5章

出雲（・石見）の砂鉄から日本刀まで

——たたら製鉄から玉鋼へ

第5章に関係ある場所

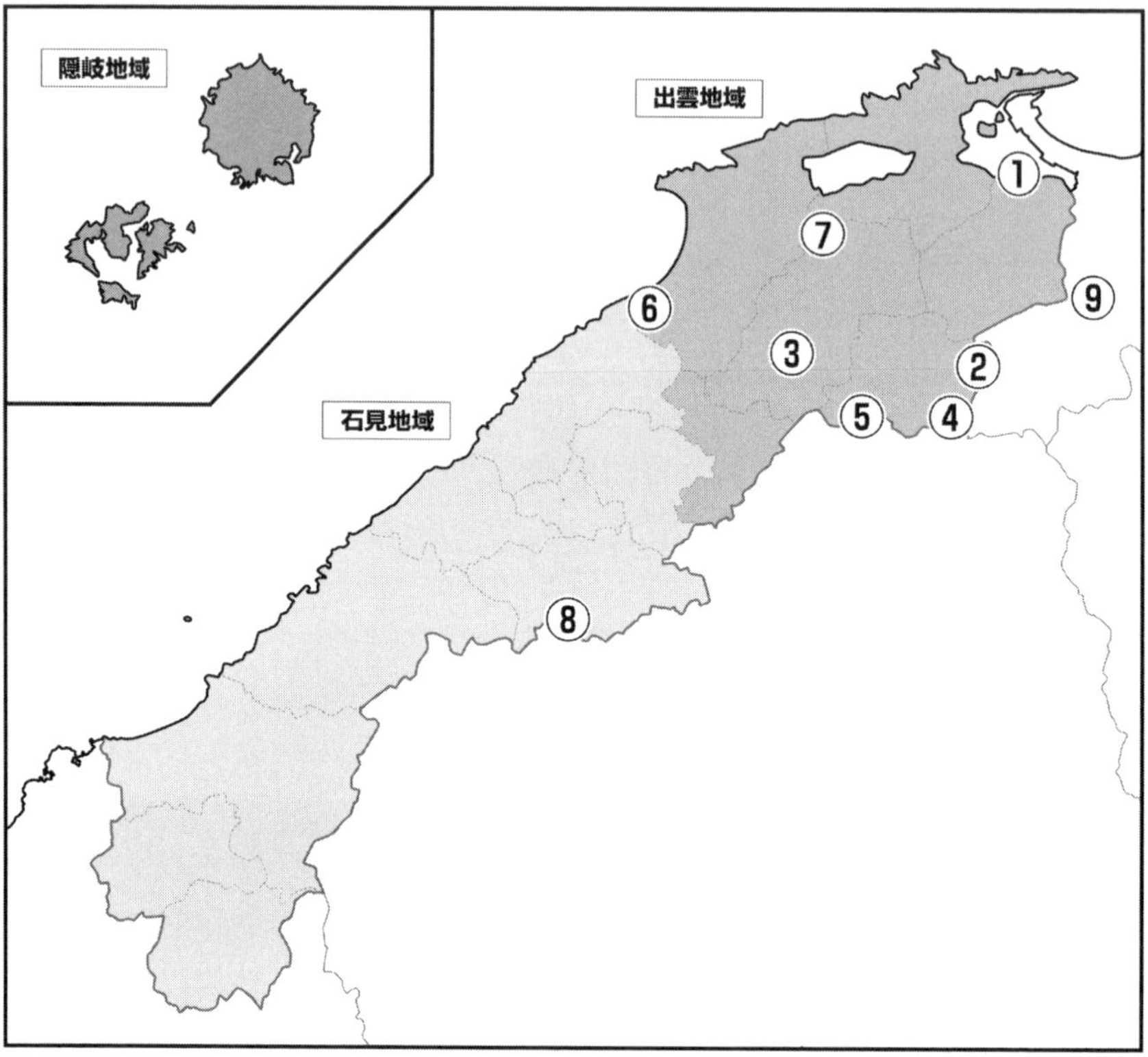

① 和鋼記念館（安来）

② 奥出雲の古代製鉄遺跡やたたら博物館群、仁多米（奥出雲町）、鉄穴《かんな》流し……奥出雲の遺産（かんな流しの跡が残っていいる）

③ 日本刀と玉鋼、菅谷たたら地区、田部家（田部家土蔵郡）（雲南市吉田）

④ 絲原家（記念館、居宅庭園、洗心乃路）　奥出雲町大谷

⑤ 櫻井家（可部屋集成館、日本庭園）　奥出雲町上阿井

⑥ 田儀桜井家たたら製鉄遺跡（出雲市）

⑦ 砂鉄の山と斐伊川……肥沃な平野の氾濫（出雲市）

⑧ 奥石見地域：今佐屋山と出羽鋼（邑南町）

⑨ 奥伯耆地域：根雨と印賀鋼（鳥取県日南町）

1　鉄とは何か――古代における鉄の製造技術

鉄（鐵、テツ、くろがね）とは元素記号Feですが、ここでは古代から現代までのその製造、加工、活用の変遷をベースに、関連技術について述べていきます。

延性・靱性に富む実用の鉄は、炭素の含量により、いろいろな性質を示し、さまざまの方面に使われます。

そこで鉱石原料からの選鉱抽出から製錬、精錬のプロセスの歴史を少し示してみます。古代の日本独自の製鉄技術を知ることで、しまね地方のさまざまな特徴の理解も深まります。

(1) 鉄の原料鉱石と製錬反応

鉄は豊富な金属元素として、地球上のどこにでも存在します。そのほとんどは酸化鉄として鉱石の形をとります。図5－1には日本の鉄鉱山の分布を示しています。ある程度の偏在はありますが、原料鉱石は日本全国に存在しているといってもよいでしょう。

鉄鉱石の主要成分は酸化鉄で、具体的には、赤鉄鉱（Fe_2O_3）、磁鉄鉱（Fe_3O_4）、褐鉄鉱（$Fe_2O_3 \cdot nH_2O$）となります。磁鉄鉱の粒状鉱物である砂鉄（真砂）の他に、針鉄鉱（$FeO(OH)$）や菱鉄鉱（$FeCO_3$）なども存在します。余談ですが、金属光沢（金色）を持つ黄鉄鉱（FeS_2）は、黄銅鉱と並んでよく一般には「金《きん》」と間違える鉱石として有名ですが、その経済的価値はほとんどないことを申し添えておきます。

図5-1　日本の鉄鉱床と主要な鉄鉱山の分布
（山口大学工学部学術資料展示館ホームページの図を基に作成）

鉄を製造する技術の基本である製錬反応は、かつては磁鉄鉱（Fe_3O_4）、赤鉄鉱（Fe_2O_3）を木炭（C）で燃やす簡易型炉内で還元するというものでした。この詳細はあとで述べますが、これは「たたら製鉄」でも一緒です（現実には石灰石（CaO）系もスラグ成分として混ぜて使います）。

なお現代の大量生産型の高炉製鉄では、溶鉱炉中で一度、炭素（C）であるコークス（還元剤）によって過剰に還元し、炭素（C）を約４％程含む銑鉄にします。その後、酸素によって脱炭することで、最適な炭素量の鋼などにしていきます。反応式自体は一緒です。

$$3Fe_2O_3+C \rightarrow 2Fe_3O_4+CO$$

$$Fe_3O_4+4C \rightarrow 3Fe+4CO$$

じつはこのような鉱石からの鉄製造以外にも、古来より鉄製造法は工夫され続けてきました。では、古代において鉄をどのように作り、使ったかについて、もう少し述べてみましょう。

大学などの講義では西洋の近代冶金学に始まる大量に良質の鉄をつくるプロセスはしっかり学びますが、残念ながら日本独自の優れた古いプロセスの「たたら製鉄法」関連の技術や西洋での湖沼鉄法などの内容は、筆者の当時は習いませんでした。ここではそれを少し補います。

まずは「たたら製鉄」です。これは砂鉄から鉄素材をつくっていく製鉄法で、6世紀ごろ、日本の中国地方でこれが盛んに行なわれていたことが記録として残っています。「たたら製鉄」以外には、「たたら製鋼」と呼ばれる、玉鋼などをいきなりつくる進化したプロセスがあります。

後に詳しく述べますが、一般の「たたら製鉄」は炭素量の高い銑鉄（鋳鉄、ずくともいう）を製造する方法です。一方「たたら製鋼」は、鎌倉時代になって日本刀などの刃物をつくるのに最適な鋼《はがね》をつくる方法です。「たたら吹き」という炉の下方から風を送って木炭を燃焼させる作業法で、これは出雲地方で完成しました。

たたらを使う点では共通していますが、ここでは区別して考えていきます。いずれにせよ出雲を含む「古代しまね」と呼ばれる地方は、良質の砂鉄と良質の炭になる森林資源が豊富であり、江戸時代には、たたら製鋼法により日本の刃物鉄《はがね》生産量のほとんどを、この地域が占めていたといってよいでしょう。

自然にとれる砂鉄や高品位鉄鉱石などの採鉱だけでは、使える材料ではありません。鉄をとり出すための製錬・精錬から加工までのプロセス技術が必要になってくるわけです。安定して大量の鉄を含む金属をつくる技術体系を、昔は「採鉱冶金学」、といいました。鉱石から金属を取り出す（製錬）、使えるまで純度を上げる（精錬）、さらに使える形に加工する（鍛造、鋳造）という高度な体系となります。

(2) 古代の製鉄法の変遷――つくること自体は難しくない

有名な「たたら製鉄」法の前にも、古くから（縄文、弥生時代以前）から使われていたといわれる、簡易型の鉄の製造法があります。それは隕鉄に始まり、湖沼鉄（BOG IRON）、さらに餅鉄による鉄づくりです。また、銅と鉄の共存で製錬する鉄製造法もあります。このあたりの歴史について簡単に述べていきたいと思います。

古代の鉄製造原料（産業革命前のほぼ使用順）とその製品は、①から③まであります。それぞれの時代とともに内容を簡単に整理します。

① 隕鉄の採取と利用……人類の原始時代から現代まで。
② 湖沼鉄の採取と利用（海綿鉄、鍛鉄用）……縄文、弥生、古墳時代の地域的な少量製鉄法です。
③ 餅《もち》鉄の採取と利用（鋤、鍋、武器用）……餅鉄原料がとれる東北地方や一部の地域で、古墳、奈良、平安時代ごろまでの製造法です。蝦夷《えみし》の蕨手刀《わらびてとう》などになっています。

それぞれについて少し解説していきます。古代しまね地方でも、明確な遺跡や資料はないものの、神話などの世界で②の湖沼鉄の利用の比喩（⇔葦原中津国《あしわらなかつくに》）もなされています（葦原中津国については本章のコラムを参照ください）。

① 隕鉄《いんてつ》の利用の時代

紀元前の古代では、天から降り積もっていた隕石が原料として使われていました。その時代、地球誕生以来の40数億年分の隕鉄（鉄質隕石）、石鉄隕石が、現代のイメージ以上に存在したと推定されています。人類が人工的に鉄を作り出すことができるようになる前（約ＢＣ３０００年以前）、古代人は隕鉄を加熱し、ハンマーで加工して装身具などをつくっていたと思われます。

しかし、隕鉄だけでは鉄の量産にはつながりません。実用的な鉄の利用法として考えられるのは、地表面に露出した鉄鉱成分（酸化鉄が主成分）が、焚火《たきび》や山火事などによって「自然」に還元されて、偶然鉄ができることだったでしょう。これが次の湖沼鉄からの鉄の生産につながっていきます。

②湖沼鉄《こしょうてつ》の利用の時代

当時、低品位ながらある程度まとまった鉄の原料としては、湖沼鉄があります。日本中の湿地帯にも存在する赤い色をした「かなけ」といわれた水酸化鉄のことで、褐鉄鉱系の原料です。これらを焚火的な「低温」還元（８００℃程度の温度での還元）によって、軟らかい（加工、鍛造できる低炭素濃度）鉄を製造します。

この方法は、現代でもアフリカの奥地などでもおこなわれていましたが、北欧ではBOG IRON法とも呼ばれています。鉄分を多く含んだ土地、とくに湿地帯に生える水生植物（葦、または総称して萱ともいう）の根っ子のところに赤くなって集積するものを活用する方法です。日本では、愛知県豊橋地区で採れる「高師小僧《たかしこぞう》」が有名で、鉄分を多く含む褐鉄鉱となり、製鉄原料とみなされます。

鉄材を得ると武器、農機具の素材を握ることになり、強い立場にたてるのは明白です。このことから、日本では稲作と鉄によって、権力者がその覇権を手にすることになったと考えることができます。神話の中で出雲の国の別名は「葦原中津国《あしわらなかつこく》」です。一説では、鉄がとれる国の別名は「葦原」といわれます。これは鉄と権力をめぐる古代の歴史を象徴的に示しているのかもしれません（コラム参照）。

③餅鉄《もちてつ》の利用の時代（東北地方の一部を中心）

砂鉄を使った「たたら」の前に確認されている鉄原料が、餅鉄（もちてつ、べいてつ）です。隕石のかわりになる、黒い餅のような鉄の塊が、鉄鉱石の産地である東北地方の岩手の川でゴロゴロと取れていました。これは餅鉄と呼ばれる鉄分60％以上（ほとんど磁鉄鉱）の塊です。これを、うまく鉄分の高い部分を温めて叩くと武器や農具などになったといわれています。ただし、これは非常にローカルで、採れる量も限られている原料でした。

このように鉄をつくること（製鉄）じたいはそう難しくないことに注意ください。ある意味、品質とか量にこだわらなければどこでもだれでもできます。炭素（C）が少ない鉄をうまくつくると、鉄は本来、柔らかいので、溶かさなくても加熱してつぶせば、塊から棒や板などに成形したり、鋤や農機具へ加工することもできます。すなわち鉄（原料）＋火（還元材：木炭）＋風（温度）＋容器（土）があれば、ある程度の鉄ができるのです。

図５‐２は、日本の鉄鉱床の分布を、湖沼鉄、砂鉄、餅鉄と分類して筆者のイメージで整理しています。自然にとれる高品位の鉄鉱石、海綿鉄などでは、まだ採鉱のみで、使える

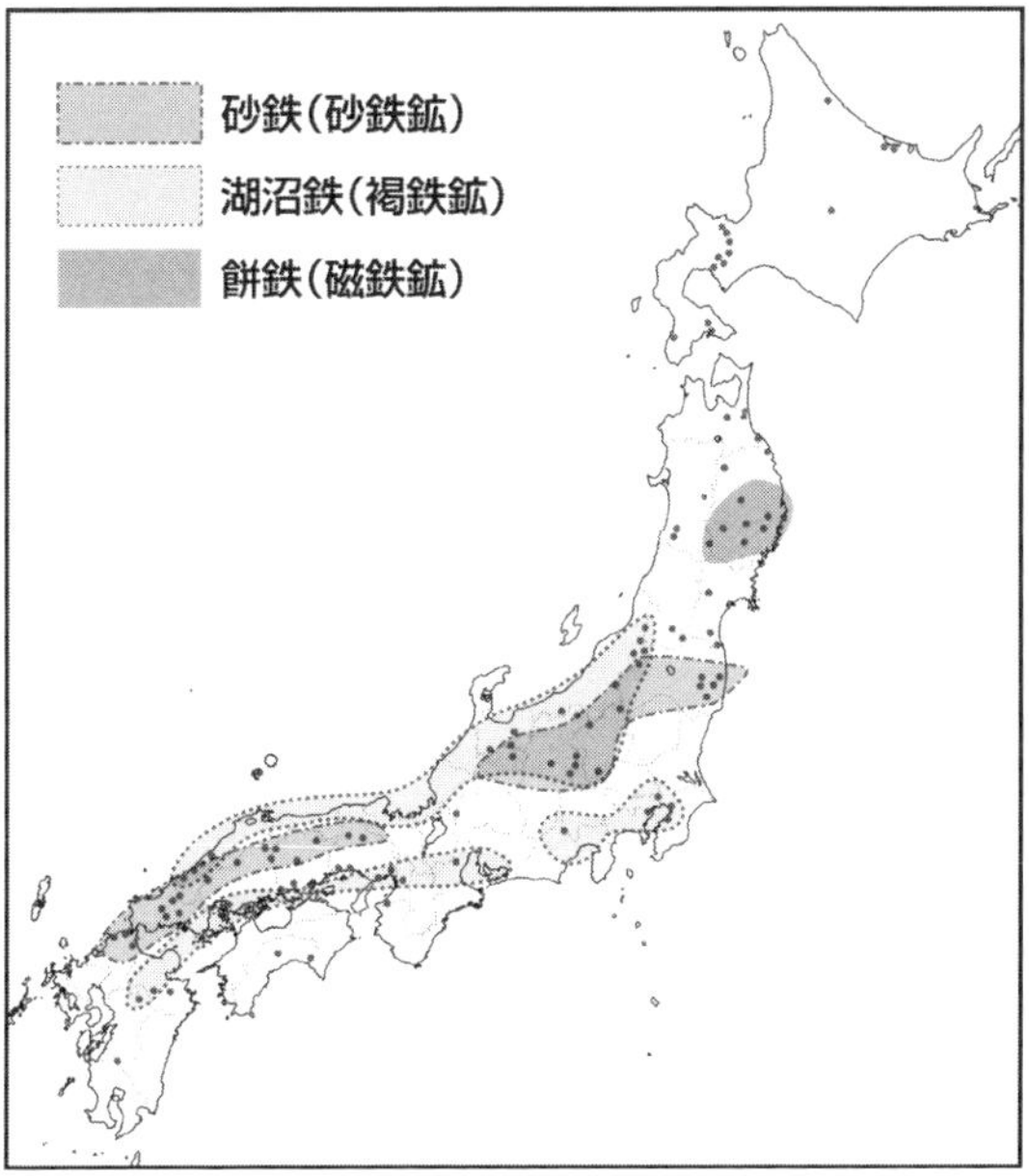

図5-2　日本の鉄鉱床のなかの原料状態（湖沼鉄、砂鉄など）の分布イメージ
（山口大学工学部学術資料展示館ホームページの図を基に作成）

材料にはなっていません。これに加え、製錬・精錬から加工のプロセス技術という時代的な技術の展開も必要でした。

（3）鉄－炭素（Fe-C）の合金とは

鉄といっても、強靭な鋼と、脆くて硬いといわれる銑鉄（鋳鉄）とは違いもあります。そこをきちんと区別しなくては混乱します。出雲地方での和鋼は砂鉄を直接「鋼」にすることに特徴がある「たたら製鋼」です。これは、ふいごで強い安定的な風を下から送り、土製の炉の中で木炭を燃料として砂鉄を溶かして鋼をつくります。日本古来の製法（たたら吹きということも多い）です。

ここでは、鉄（Fe）中の炭素（C）の量で鉄はどのように変身するかという基礎にふれておきます。

鉄には炭素含有量で、軟鉄、鋼、銑（鋳）鉄という3つの種類があります。それぞれの特徴を整理しましょう。図5－3に鉄－炭素の状態のイメージ図も示してあるので、この方面について詳しく知りたい方はそちらも参照ください。

①軟鉄：純鉄（C量0～0・02％）……柔らかい、加熱すると簡単に延伸可能。

②鋼鉄：はがね（刃金）（C量0・03～2・1％）……適度

な硬さと強度、延性があり、加熱により延伸（鍛造）可能。

③ 銑鉄（鋳鉄、鋳物鉄）（C量2・1～6・6％）……硬くて脆い、そのままでは加熱しても鍛造不可能。

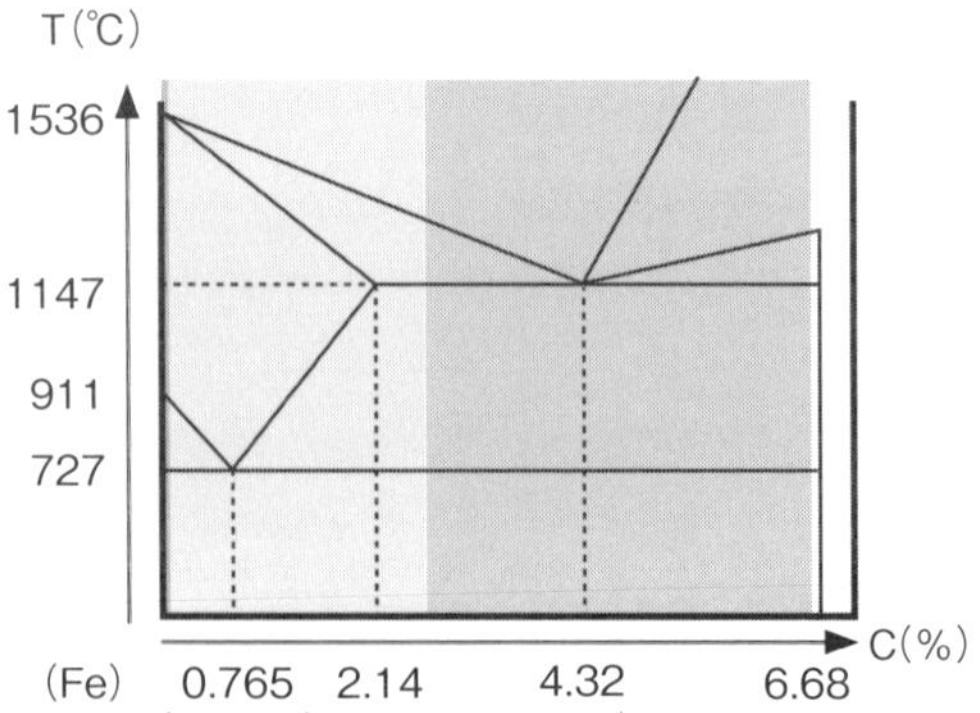

	軟鉄	鋼鉄	銑鉄
炭素量	0.02%未満	0.02～2.14%	2.1～6.67%

図5-3　炭素含有量で3つの種類がある：Fe-C系二元状態図と軟鉄、鋼、銑鉄の分類例（イメージ）

COLUMN

葦原中津国――出雲は製鉄の発祥の地?!

本文に出てきた「葦原中津国と製鉄」の関係は、非常に興味深いテーマです。「葦原中津国」は『古事記』や『日本書紀』のなかに登場します。「日本」を指すというよりは、出雲の国の古い呼び名の一つです。出雲地方には宍道湖という淡水湖があり、そこには鉄分を根元に多く含む葦が生い茂る湿地帯です。神話は、古代の日本人の自然観を強く表していると考えられています。

製鉄の重要性はいうまでもありませんが、特に古代において、鉄は武器や農具を作るうえで不可欠な素材でした。さらに地理的な条件として日本には、製鉄に必要な砂鉄などの鉄原料が豊富に存在しました。

古代の製鉄についてはさまざまな説が提唱されていますが、筆者は浅井壮一郎著『古代製鉄物語「葦原中津国」の謎』（彩流社、2008年）に興味をもっています。この本によると、湿地帯には湖沼鉄が豊富に存在していたため、製鉄が行なわれる場所として適していたそうです。以下がそのポイントです。

① 古代製鉄の原料：古代日本では、水草の根に付く水酸化

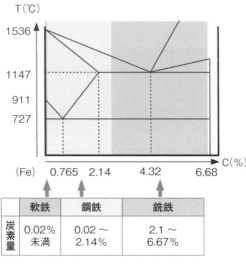

鉄（湖沼鉄・褐鉄鉱）を原料とした製鉄が行なわれていた可能性が指摘されています。

②神武東征ルート：このルートは、多くの場合が汽水域の葦原であったことが記されています。これは、製鉄に必要な原料である湖沼鉄を採集するために行なわれたのではないかと考えられています。

③「葦原」の意味：「葦原」という言葉は、単に葦が生えている場所だけでなく、製鉄が行なわれる場所、あるいは鉄器が作られる場所を指していた可能性も考えられます。

ここからは筆者の感想です。この意味では、鉄分の多い斐伊川支流に存在する宍道湖には多くの可能性があると思われます。しかし残念ながらこの地域は、縄文時代から弥生初期時代に地元の火山である三瓶山（大田市）の噴火による降灰などにより、なかなか遺跡などが見つからないのが実情です。

湖沼鉄がよく取れるのは、諏訪湖や瀬戸内沿岸、東海地方の沿岸地帯などの古代の沼地などです。これらの遺跡などが順次、掘り出されているので今後の研究が俟たれます。しかもこの説は、古代日本の歴史や文化を新たな視点から捉え直すうえで、鉄を身近に感じる非常に興味深いものです。

2 「たたら製鉄」は日本独自の技術革新だった！

一般的な世界の歴史では鉄の製錬・精錬はBC1500年頃から始まったと考えられ、鉄器時代になるのは、BC1200年以降のことといわれます。ここでは日本独自とされる「たたら製鉄とその技術」について考えていきます。

日本での「たたら製鉄」の記録は6世紀ごろからです。『出雲国風土記』（733年完成）には、すでに砂鉄を主力にした「たたら製鉄法」による鉄が出雲国の特産品であると記載してあります。「たたら製鉄」の始まりは特定しにくいのですが、当初は「野だたら」という素朴な製法で、炭素量や不純物の高い「ずく」といわれる銑鉄系の鉄ができていたと考えられます。さらに後年には「たたら吹き」といったふいごで風を下から送る方法へ進化し、最終的（1200年より前）には鋼、玉鋼を直接つくる「たたら製鋼」（けら押し）につながると考えられています。

一方では、鉄のユーザー側である日本刀鍛冶での推定もあります。鎌倉時代（1185［文治元］年から1333［元弘3・正慶2年］年まで）には、玉鋼を使った日本刀が最高品質といわれるからです。1200年ごろには玉鋼を直接作

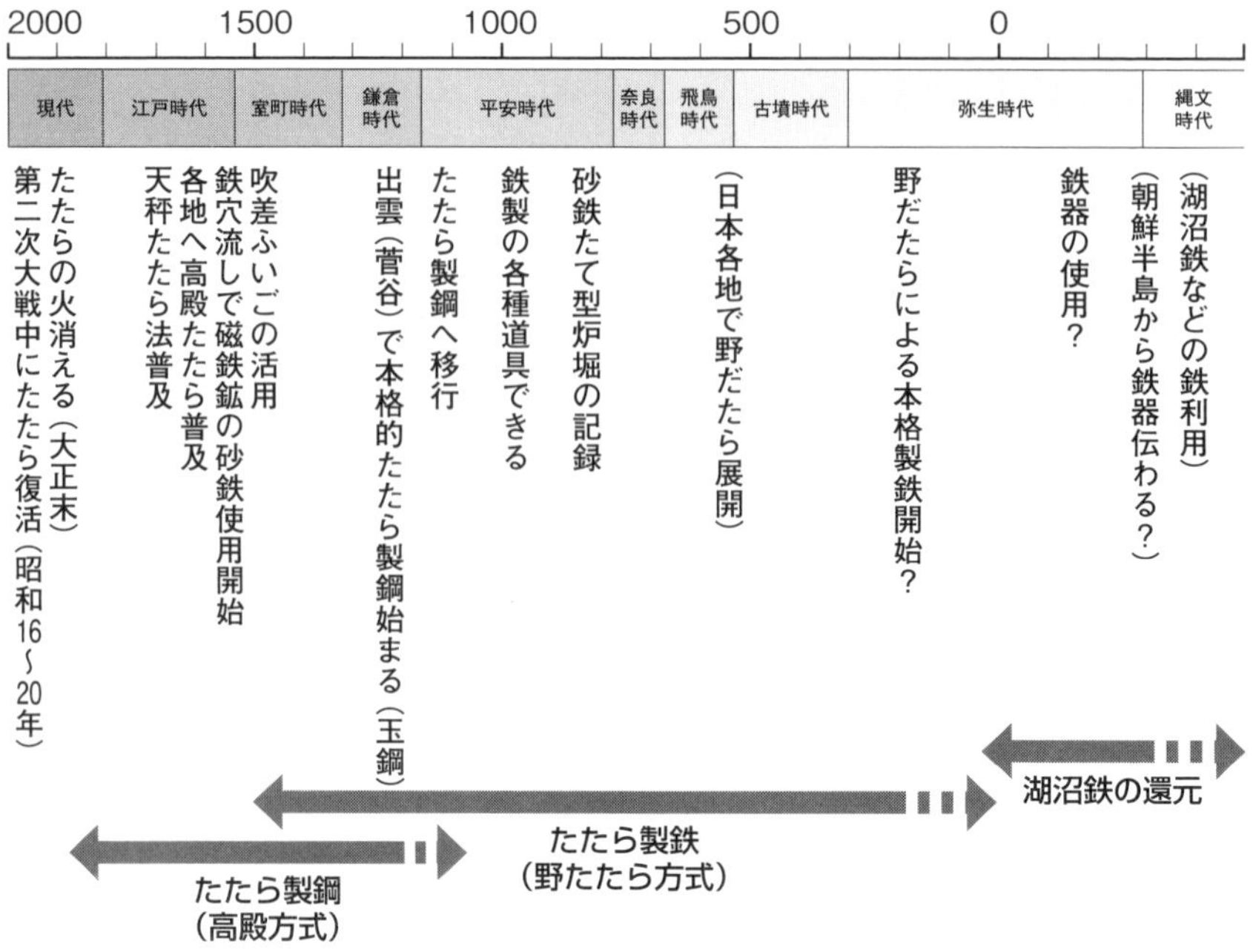

図5-4　たたら技術の年代別進化の整理（著者作成）

る高度な「たたら製鋼法」は出雲地方で確立していたと考えられます。

このあとの戦国・江戸時代にかけては、日本刀の量産が最盛期になり玉鋼も量産されたのでしょう（図5-4）。さらに江戸以降（1800年代から）は、反射炉、高炉などの近代製鉄技術の幕開けとなり、たたら製鉄、たたら製鋼法はすたれていくことになります。

(1)「たたら製鉄」で銑鉄をつくる方法

さきほど述べたように「たたら製鉄」は、最初は日本中に「野だたら」として展開されていました。このころは炉の高さ1メートル前後で谷から吹き上げてくる山腹の風を利用した自然送風で、これは「野で自然風を受けて」行なう「野だたら」製鉄法です。砂鉄があって、木炭があればできるからです。

この「たたら製鉄」として、銑鉄系では、どのくらいの火力（温度）があれば鉄はできるか（製鉄可能温度）がポイントとなります。一般に野焼き（縄文土器、弥生土器）では、700〜800度（赤くなるレベル）です。この温度で、炭素リッチの銑鉄は十分でき、叩いて容易に塊になります。それをハンマーで叩き割り適当な大きさにしてから、加熱して金床でたたき、中の不純物を取り出すとともに、鉄を適当な形に成形します。

これは、鍛造過程を通して鉄を脱炭し鋼《はがね》の塊とするという方法です。人力による鉄の鍛錬、すなわち不純物を含み海綿状態になった鉄を熱しながらハンマーで鍛造することで、スラグなどの不純物を取り除き、塊状の鋼を生成することも（手間がかかりますが）、昔からできていたのです。

この方法は、その後の「たたら吹き」におけるたたら炉から玉鋼からの日本刀造りに通じます。知恵のある、すばらしい技術的方法だったのです。

（2）「たたら吹き」で鋼を直接作る方法

いきなり良質の鉄（鋼《はがね》）を数10kg〜数トン、溶融してつくるのは非常に難しいのです（１２００〜１５００度という融点以上の高温が必要です）。しかし古代しまね（奥出雲、奥石見、伯耆地方）では、直接溶かさないで鋼（玉鋼）ができるレベルへの送風技術の改善がなされてきました。

また、送風技術と同時に、良質な原料（砂鉄、真砂《まさ》）＋還元剤（良質な木炭）＋高温（送風機＋酸素）＋良質な耐火物が必須になってきます。これらを兼ね備えたところが山陰地方です。こうしてしまね地方で、「玉鋼」を直接作ることができる「たたら吹き」による「たたら製鋼」が実現されました。

日本の鉄の生産は、少なくとも弥生時代後期の1〜3世紀ごろには素朴な形で始まっていたといわれます。中国山地では鉄系酸化物の自然な凝集を伴った風化花崗岩の存在から始まったといわれます。まずは経験的な「かんな流し」による砂鉄の選鉱による磁鉄鉱や赤鉄鉱の選別、「たたら炉」による低温還元木炭製鉄法などによる少量生産だったと推測されます。また、この鉄をつかっての各種農機具や武器により小国家の統一がなされ、少量の鉄を用いて古墳文化（３００〜６００年ごろ）ができたのではないかとも推定できます。

実際の中国山地の美作、備中、備後、伯耆などのたたら製鉄の遺跡を巡ってみると、多くの山間部で鉄を出した（生産した）ところとして記録されています。さらに奈良平安時代（７００〜１２００年）には、出雲、播磨、近江、常陸なども製鉄地に加わってきます。いずれも砂鉄産地のベルト上にあります（図5-5）。

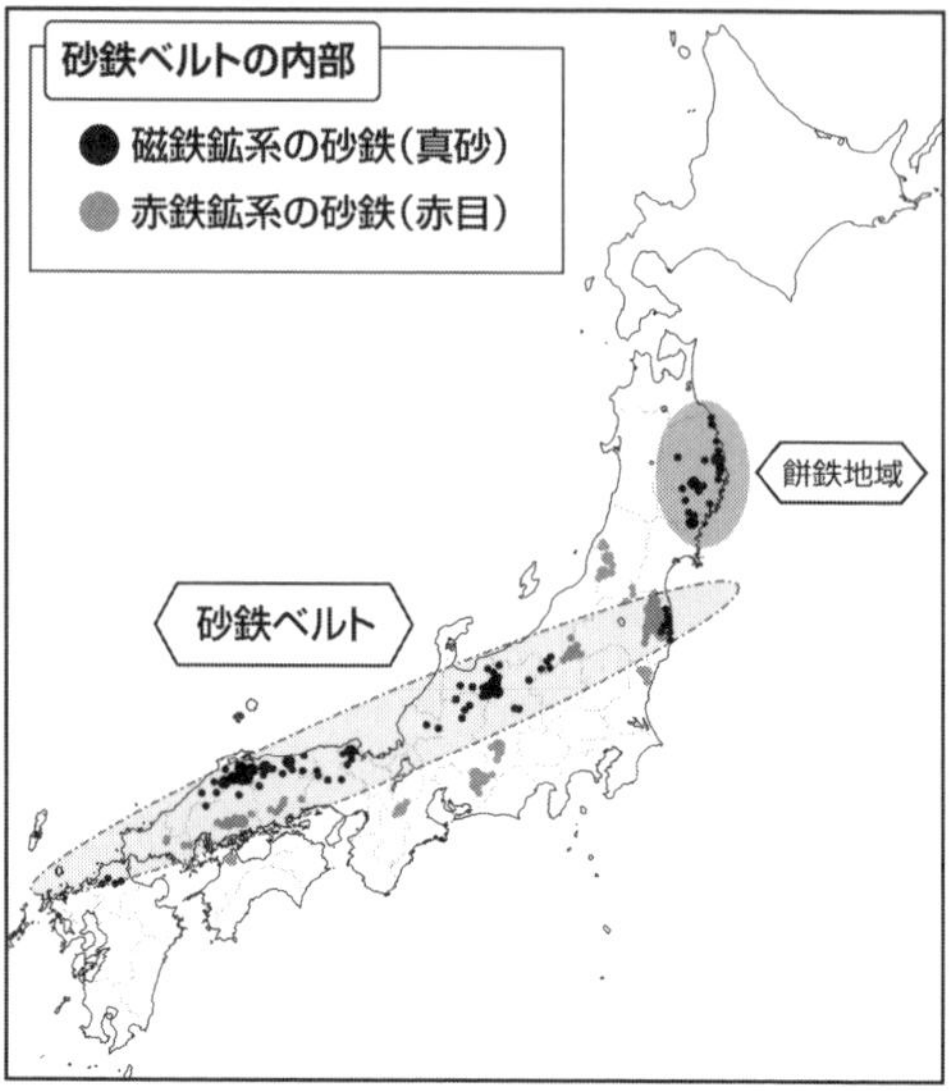

図５-５　日本の砂鉄ベルト分布
（たたら製鋼にむいているのは磁鉄鉱系の砂鉄）
（出典：和鋼博物館誌の図を基に作成）

COLUMN

二種類の砂鉄原料

たたらによる製鉄には、大きく分けると2種類の原料砂鉄が用いられていて、それは真砂と赤目です。見た目で色が違いますが、組成的には磁鉄鉱と赤鉄鉱の違いです。どちらでも木炭還元で鉄はできますが、より高級な鋼となるのは真砂（磁鉄鉱）のほうで「ケラ押し」と呼ばれる「たたら製鋼法」

となります。一方の赤目（赤鉄鉱では「ずく押し」）は、「ずく（鋳物鉄）」系の「たたら製鉄法」です。

時代とともに「たたら製鉄」（ずく押し、炭素他不純物の多い銑鉄系）から、「たたら製鋼」（ケラ押し：いきなり鋼をつくる）への変遷がありました。原料ほかの条件、地域も変化して、最終的には出雲・石見・伯耆地域へと到達したのです。（図5-6）。

さらに専門的に言えば、中国山地の山砂鉄にはチタンを含む鉄鉱が多いという特徴があります。チタン鉄鉱は一般のたたら炉のような低温還元炉では溶解しにくく、したがってその原料では製品の歩留まりと品質は低下したと思われます。この地の技術者たちは、より良質な砂鉄を求めて移動し、最終的にはチタンが少なく、また磁鉄鉱系の真砂の産地である中国山地の山陰側（古代しまね）に落ち着いたものと推察されます。

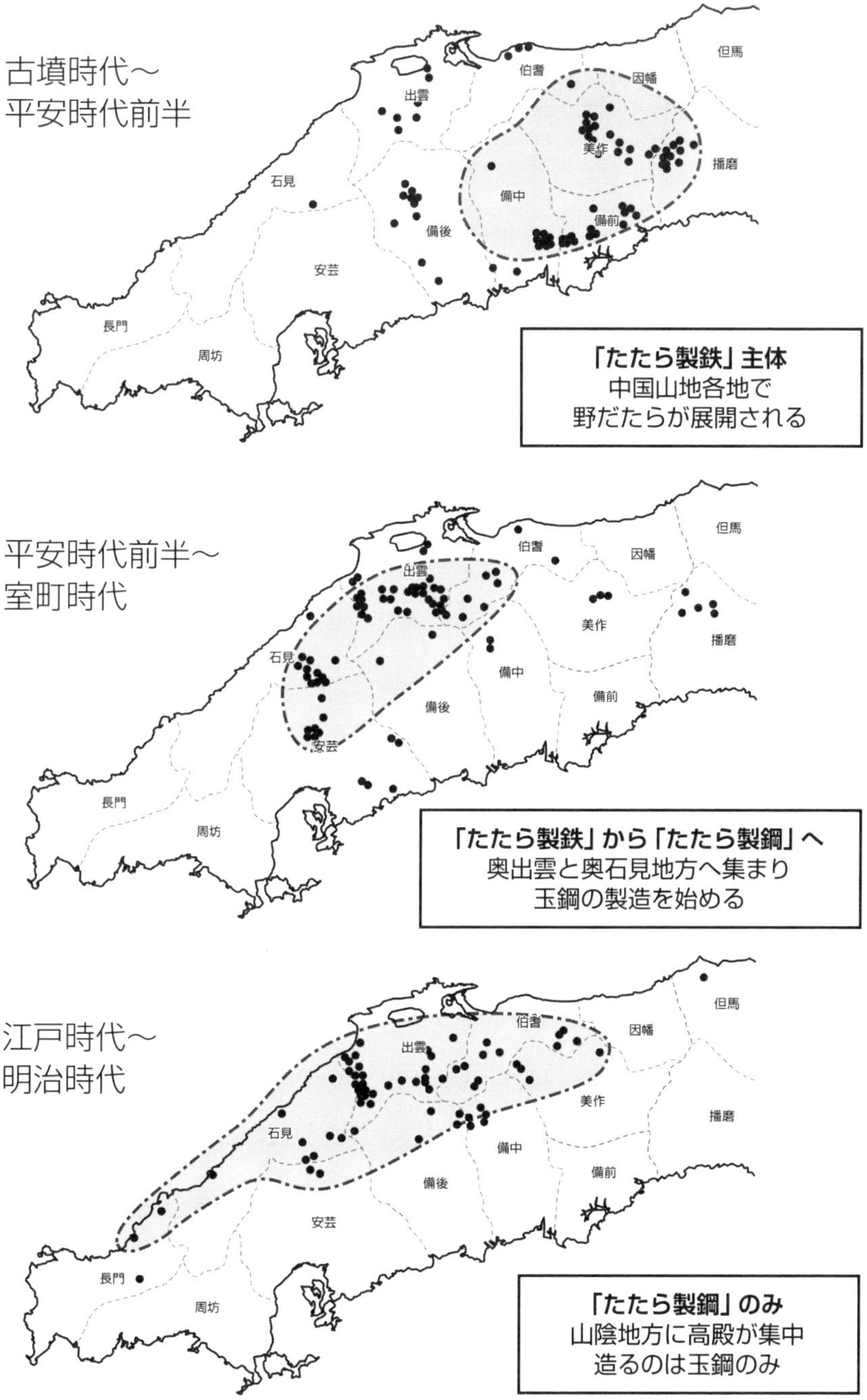

図５-６　中国地方におけるたたら製鉄（遺跡）の移動　山陽側の中国山地から山陰側の中国山地へ（出典：角田徳幸著『たたら製鉄の歴史』に筆者が追記）

3 出雲の玉鋼をつくる ——たたら吹きの技術とは

今一度、いきなり鋼（玉鋼）をつくり、日本刀ができる、しまねの古代技術力について整理します。本書では「たたら製鉄」と「たたら製鋼」を、明確に分けて説明しています。復習ですが、図5-7は「たたら製鉄」のプロセス（銑《ずく》押し）であり、図5-8は「たたら製鋼（玉鋼をつくる）」のプロセス（鉧《けら》押し）です。

「たたら製鋼（たたら吹き）」は、英語では Tatara steel making method と呼ばれています。別名、「玉鋼製造」や「ケラ押し法」とも呼ばれるもので、“steel”（鋼）とあるように、原料鉄鉱（砂鉄）からいきなり鋼をつくってしまうというすぐれものです。

(1) 玉鋼とするたたら吹きの技術——火力の強さと鞴《ふいご》の工夫と人力

通常、日本刀に使用されるのは、たたら吹きによって「たたら製鋼」された玉鋼《たまはがね》です。この玉鋼は、製鉄された全量に比べれば極めて稀少です。

ここで、実際のたたら製鉄に必須となる、「ふいご」によ

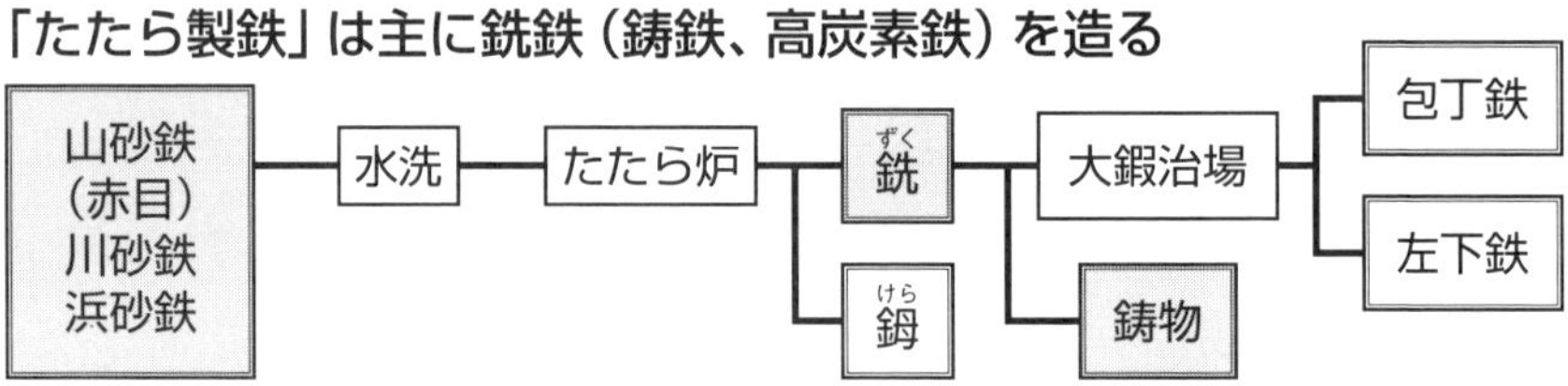

図5-7　「たたら製鉄」のプロセス（銑《ずく》押し）

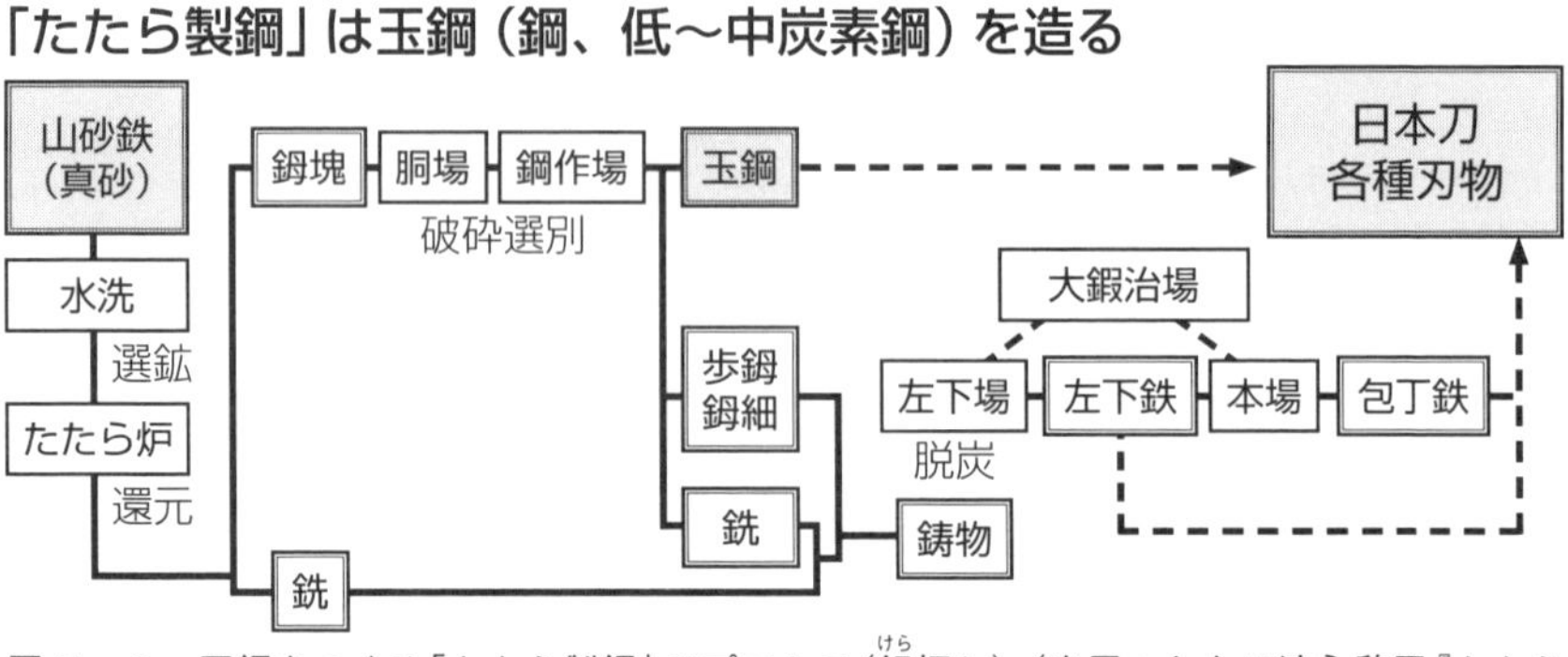

図5-8　玉鋼をつくる「たたら製鋼」のプロセス（鉧《けら》押し）（出展：ともに清永欣吾『たたら製鉄とその金属学』まてりあ＝Materia Japan 第33巻 第12号（1994）より）

る「たたら吹き」を経た操業をイメージしながら、その技術進化について簡単にみていきましょう。たたら吹き方式の変遷は、古代から中世においては、露天型の「野だたら」から屋根を備えた全天候型の「永代だたら」への移行、といった流れとなります（図5-9）。

弥生時代は風を送る「ふいご」がまだ作られていなかったために、自然風によるたたら炉で木炭の燃焼が行なわれてきたといわれます。このため炉は風上に炉口を持つよう斜面などに作られ、炉口の反対側にある炉内床の上に木炭と砂鉄が交互に層を成して並べられていました。炉口から火が付けられ、火が消えて冷えれば、鍛造に使える還元鉄が得られるのです。

ただし、鉄の効率的な製造には圧倒的な高温が必要なので、たたら炉を高温化する工夫が必要です。ポイントは空気を適切に送り込むことで、それが「ふいご」の採用となり、「たたら吹き」となります。「ふいご」を踏む人（番子）の動きをイメージして「かわり番子」などの用語も生まれています（図5-10）。

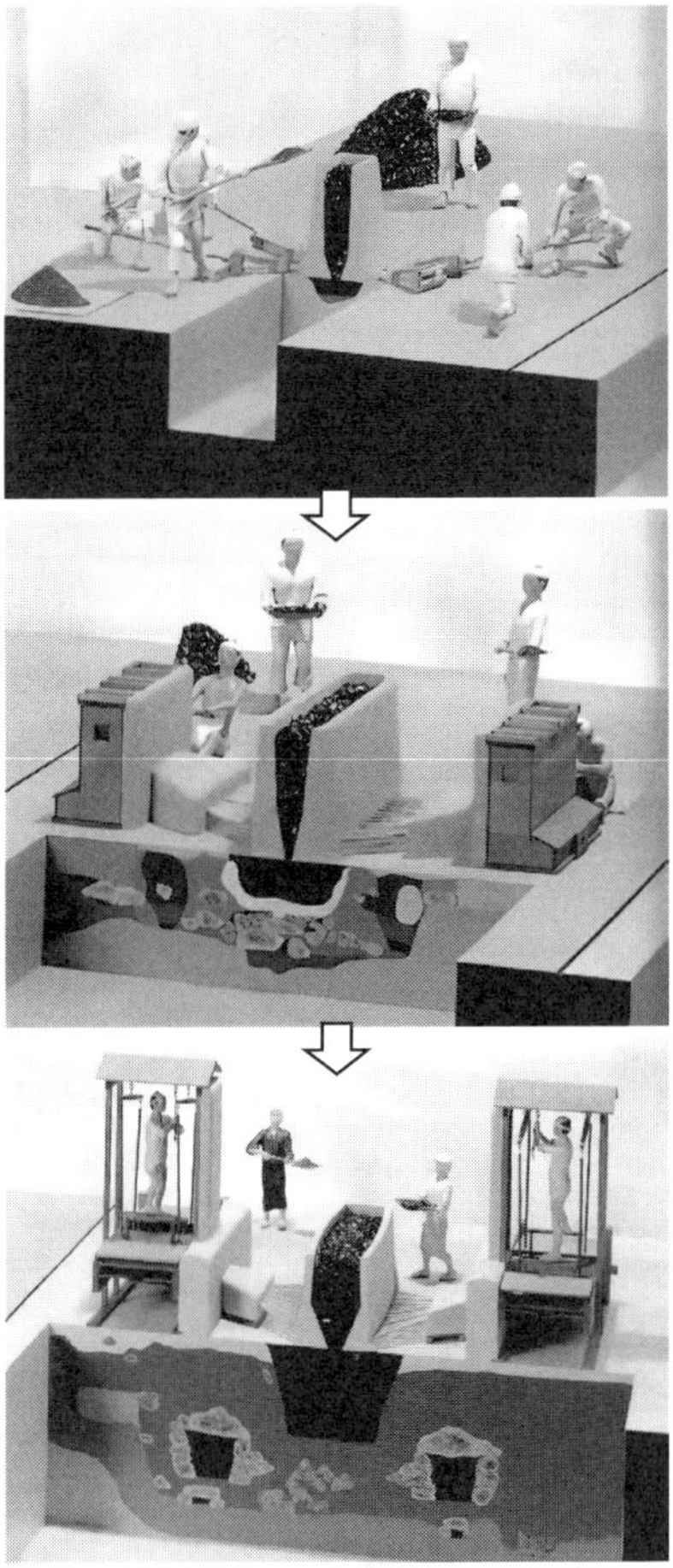

図5-9　たたら炉に風を送る「ふいご」の技術的進歩（出典：『古代出雲歴史博物館展示ガイド』島根県立古代出雲博物館）

図5-10　たたらにつかっていた鞴＝吹子《ふいご》（和鋼博物館）

(2) 日本刀と玉鋼、炉体の改良による製造プロセスの深化

通常、日本刀に使用されるのは「玉鋼《たまはがね》」で、刀匠以外が入手することは難しいとされています。ただし、和包丁の一部には玉鋼を使用したものもあるのですが、これは格別に値段が高いのです。玉鋼をつくるには、たたら炉を事前にちゃんとつくりこむ作業がともなっています（図5-11）。地中深く、土台をつくった複雑な地下構造で、準備の手間がかかっています。炉体としては表面上は図5-12のように見えますが、その地下には複雑な構造が潜んでいます。それを知ると、見る目が変わってくるかと思います。

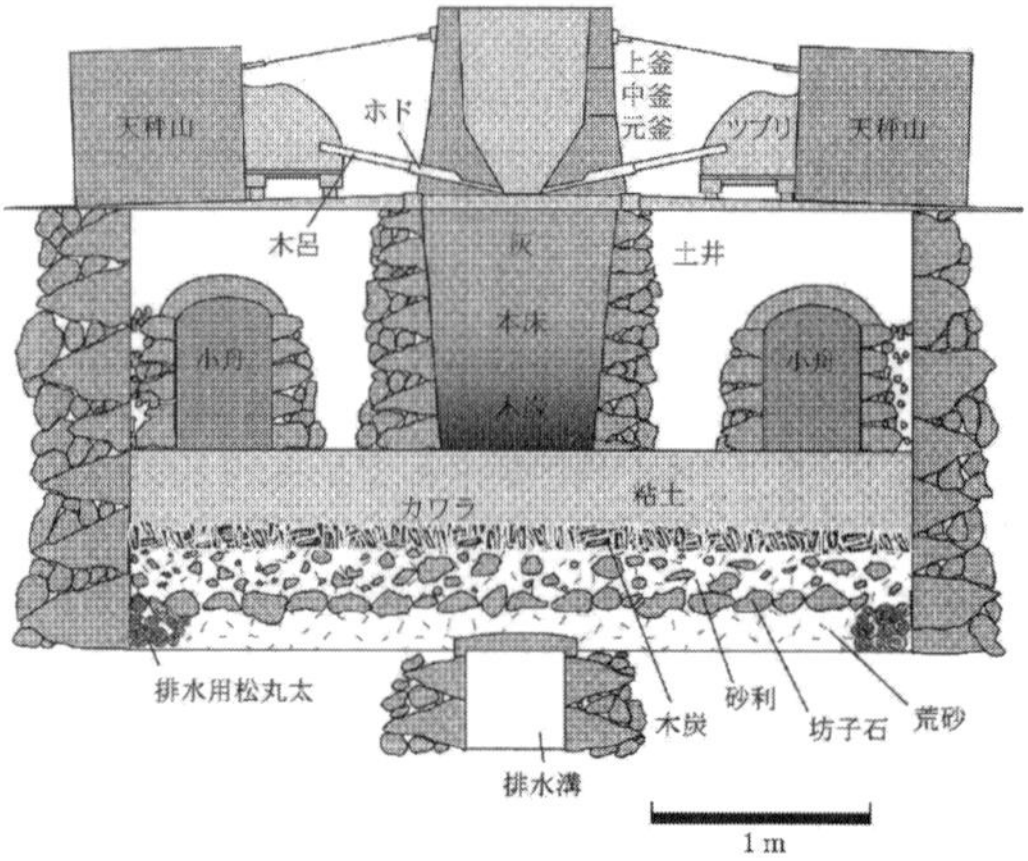

図5-11　たたら炉の構造　地下構造部分に着目（鉄と鋼、86（2000）、64）

図5-12　たたら炉　炉体とふいごによる送風ノズルがたくさんついている（雲南市吉田の菅谷高殿）

復習ですが、「たたら」を使って鉄をつくる方法は、その原料とできる鉄の品質によって分けられます。原料は砂鉄と岩鉄であり、できる鉄は鋼と銑鉄です。出雲地方のたたら吹きでは、原料は砂鉄、できるものは鋼、それも純度の高い鋼（それが玉鋼）だと覚えておいてください。

単に「たたら」とひらがなで書かれる場合や、「鑪吹き」、「踏鞴吹き」、「鈩吹き」とも表記してある場合も多いのです。「たたら」の語源にはいろいろな説があり、これらだけで別の本ができてしまうくらいなので、ここでは述べません。

(3) 玉鋼《たまはがね》の種類と製造見学記

たたら吹き（製鋼法）でできた、鉧《けら》塊（鋼塊のもととなる大きなかたまり）は、部位によって品質がかなり異なります。良質な鋼だけでなく、やや不均質な鋼、銑、ノロ（鉄滓）、木炭などが混在しています。この鉧《けら》は破砕されて鋼造り師が破面の色、輝き、粗密の程度、気泡の有無などを観察して仕分け・鑑別します。なれてくると、輝きなどが違うのでだいたいわかってきます。破砕選別された鋼が玉鋼と称せられます。図5-13は神社などに奉納されている、（たぶん失敗した）鉧《けら》塊です。外観上は同じように見えます。

図5-13　金屋子神社に奉納されている鉧《けら》

玉鋼はその品質によって分類され、鶴、亀、松、竹、梅のような呼び方や特級、1級～3級などの種別で分けられます。良質の日本刀用の玉鋼は、分析すると含有炭素量が1・0～1・5％で、破面が特に均質なもの（不純物やガスが少ない）となっています。包丁や農機具用の鉄は、かなりグレードが低いものが使われていたようです。

ついでにデータで生産歩留（効率）を説明すると、1回のたたら吹きで使う材料は、砂鉄が約10トン、木炭約12トン、粘土約4トンです。そこから1トン程度の玉鋼、数トンの低品位の鋼がとれます。このプロセスでは、いかに空気（酸素）をうまく送るかがキーです。たたらの完成版では、高殿《たかどの》と呼ばれる空気の流れを工夫した建屋の真ん中に粘土で作った炉を毎回作り、木炭で火を起こし、吹子《ふいご》で風を起こして送風します。

このような「たたら製鋼」は、今でも旧横田町（現在は奥出雲町横田地区）で年に数回、実操業（日刀保《にっとうほ》たたら）が行なわれ、日本刀や刃金の素材を製造しています。日刀保とは、事業主体の名称で、財団法人日本美術刀剣保存協会の略称です。

日本刀の伝統技術を保存するため、たたらの操業は1月から2月にかけて、空気の乾燥している時期に年間で数回行なわれるだけです。操業の見学は私的操業ということもあり人数制限があって、なかなかできないのですが、幸いチャンスがあり、真冬の雪が多い時期に見学する機会を得ました。作業は全部で3日間の工程ですが、見学したのは最後の2日間です。

まずは、炭と砂鉄を入れる作業を見学しました。これは製品（鉄の塊である［ケラ］という）を取り出す前日の夕方に行なわれました。高熱のなかで砂鉄と炭の粉末が反応し、ふいごの風のリズム（やまたのおろちの息ぶきのような声にきこえたものです）とともに実反応が行なわれているのを実感します。

図5-14　たたらの生産物は、まずは鉧《けら》です（写真下部にある大きな塊）

翌朝は早朝、雪のなか作業場に着き、5時過ぎには高熱の輻射と土煙を浴びながら炉の崩しが始まりました。あっという間に赤く輝く塊が路床に残って露出した状態になりました。幅約1m、長さ約4m、厚さ約50㎝の塊で、冷えるまでの間いったん宿に戻り、朝風呂と朝食後の8時半過ぎにもう一度作業場へ行きます。まだ暗赤色をしているものを、今度は路床から破砕場まで、まだ熱い鉄塊がずるずると引きずり出されてくる様子を感動的に見学しました（図5-14）。

雪深い小屋での、黙々とした、高熱のなかの作業でした。むかしは原理などがわかっているわけではなく、砂から鉄がとれるというのは、特別の神秘的な出来事だったのでしょう。

以下に、古代しまねでの「たたら製鋼」が成功した理由について整理しておきます。まずは歴史的、技術的な視点からです。

- たたらの歴史は古く全国にあったが、古代出雲の時代から日本海側の中心地として、また土師一族の須恵器や銅などの天然資源に恵まれて技術的に蓄積があったこと。
- 地理的（自然的）には原料（砂鉄）、風、還元剤（木炭）、水（冷却、運搬）が揃った場所が残った。
- 間接（たたら製鉄［銑鉄］）から、直接（たたら製鋼）の足踏みふいご（かわり番子、たたらを踏む）が発明され、それを積極的に取り入れた結果、「たたら製鋼」は完成形となった（完成は18世紀）。

次に日本刀用の高級鋼（玉鋼）がなぜ奥出雲地方に集約し

たかについて、整理します。

- 真砂（高品質砂鉄原料）の存在。
- 木炭（豊富な森林資源と再生、中国山脈）。
- 高温に耐える耐火材。
- 豊富で良質な水脈と食料（農耕土地と技術）。
- 最新技術の伝来ルートと基盤技術の融合。
- 多くの人材と製錬技術の蓄積（金属精錬・精錬、加工技術……銀、銅、古代鉄から）
- 刃物用としての玉鋼のシェアは江戸時代（17～19世紀）は圧倒的（8割）。

① 和鋼記念館（安来）
② 菅谷たたら、田部家
③ 鉄の未来科学館
④ 奥出雲たたらと刀剣館
⑤ 絲原記念館
⑥ たたら角炉伝承館
⑦ 可部屋集成館（桜井家）

図５-15　出雲地方の主要なたたら製鉄の遺跡・博物館（出典：鉄の道文化圏推進協議会資料に追記）

4 たたら製鉄関連の訪問先と奥出雲の御三家

自然の恵みによって中国地方では、古代からたたら法による鉄生産が盛んに行なわれた話をしてきました、特に江戸時代においては、国内に流通するほとんどを古代しまねが占め、奥出雲地方の製鉄御三家といわれる吉田の田部長右衛門家、仁多の可部屋櫻井家、仁多三成の絲原家などがありました。それぞれの家ではいまにつながる歴史館や記念館を持っており、大変意欲的な展示をしています（図5-15）。

(1) 和鋼記念館（安来）近代まで継続している「たたら」総合スポット

まずは「たたら」製鉄関係の全貌を知る施設としては、安来市にある「和《わ》鋼《こう》記念館」をあげます。ここでは、日本の伝統的製鉄法「たたら」に関するわが国唯一の総合博物館（和鋼博物館）が新設されました。重要有形民俗文化財２５０点を含む収蔵資料の移管をうけ、１９４６年開館となりました。館内には、和鋼の製鉄用具の展示や映像、体験コーナーがあり、たたら吹きなどの製鉄技術とその歴史・流通システムなどを広く紹介しています（図5-16）。

図5-16　和鋼博物館

玉鋼は当時の鉄鋼材料としては純粋な素材といえ、極めて不純物が少ないので鍛接しやすく、粘り強いなどの特徴があり、日本刀の制作にもってこいの原料だったのです。

おもしろいことに現在の鋼と比較した場合、酸素（O）を多く含む特徴があります。このことによって鋼中に酸化物系介在物が多くなり、折り返しの鍛錬によって微細に分散して日本刀を粘り強くしたり、綺麗な肌模様をつくったり、砥ぎ性を高めたりする優れた特性となりました。玉鋼は軍刀用として1945年、第二次大戦の終戦まで使用されていましたから、たたら炉は結構最近まで実用的に操業されていたのです。

このような和鋼の技術を保存し後世に伝えることを目的として、和鋼の博物館を安来に作ることが計画され、開館しました。設立当時の建物は大変風情あるもので、筆者は気に入っていたのですが、現在は建て替えられて、近代的な博物館となっています。

(2) 今ものこる菅谷地区の高殿と田辺家

すでに述べてきたように、古代出雲の強大な力《パワー》の原点には、鉄による財力があると仮定してみます。そのベースには、資源である鉄と砂鉄の存在、それをささえる製錬と精錬技術（＝たたら吹きによる製鋼技術）の存在があります。古代の日本のなかで、出雲以外のどれだけの場所が、このような鉄に関する資源と技術、自然環境の条件を満たしていたでしょうか。そう考えると豊かで巨大な王国や出雲大社の建築などの原資が見え、古代しまねの凄さが見えてくると思います。

◆菅谷地区の高殿

奥出雲地方、特に吉田村（現在の雲南市吉田町）において「たたら製鋼」が始まったのは、鎌倉時代であるといわれています。中世までは「野だたら」といわれる自然風を利用した移動式の製鉄法が行なわれていました。

近世に入ると、吉田町でも田部家の主導で高殿《たかどの》を構えて操業ができるようになり、村内のあちこちで盛んに行なわれ、企業だたらとして隆盛を極めるようになりました。

全国で唯一、建物と外形が今に残って見学することができる「菅谷高殿《すがやたかどの》」では、1751年から170年間の長きにわたって操業が続けられ、1921年にその火が消えました。このことは、この地がたたら製鋼を行なうのに継続して最適であったことを意味しています（図5‐17）。

高殿式のたたら吹きが始まってから300年あまり、製鉄の歴史の長さを思い高殿の中に足を踏み入れると、先人達が私達に遺してくれた歴史的、文化的遺産の偉大さを体感することができます。

たたら吹きに従事していた人達の職場や、住んでいた地区を総称して「山内《さんない》」といいます。たたら吹きの技術者達の日常生活がここで営まれました。製鉄で山内が盛えた頃を偲ぶことのできる町並みが残っています。

日本中の金屋子神社では、神木は桂の木であり神社とセットとなっています。特に雲南市吉田町の菅谷たたら殿の横には大きな桂の木があり有名です（図5‐18）。

この桂は、毎年3月下旬新芽の芽吹くことにより、赤く染まり、とても綺麗です。夕日に映えて染まった景観には感嘆の声が上がります。この景観の素晴らしさにより、「菅谷た

図5‐17　菅谷たたら高殿（雲南市菅谷）

図5‐18　神木は桂の木（雲南市菅谷）

たらとカツラの木」は島根県景観大賞を受賞しています。ただし、この景観にお目にかかれるのは、毎年3日間しかないとのことですので、要注意です。

◆田部家（田部家土蔵郡）　雲南市吉田町

先祖は、紀州熊野の豪族田辺氏です。吉田村に移住し、たたら製鉄を大正末期まで続けた旧家で、のちに山林王とも呼ばれました。代々田部長右衛門を名乗られています（昭和34年〜昭和46年の3期にわたり、23代田部長右衛門さんは島根県知事もつとめていました）。田部家には多くの美術品、茶道具があり、これは田部美術館（松江市北堀）で見ることができます。吉田の田部家には見事な18棟の白壁土蔵郡がありますこ。その周辺は町並みが整えられています（図5‐19）。

たたら製鉄については近所に「鉄の歴史博物館」「鉄の未来科学館」などもあり、大人も子どもも楽しみながら勉強できます。

（4）絲原、櫻井の記念館など　たたらで財をなした家ともののけ姫

近世の出雲国で、「鉄の御三家」のうち田部以外の絲原、櫻井両家も、いまにつながる歴史館や記念館を持っています。それぞれが大変意欲的な展示がなされているので、ここでは絲原、櫻井の両たたら記念館に注目します。

たたらは、すでに述べたように砂鉄と木炭を必須材料としますが、花こう岩地帯である中国山地は良質の砂鉄が豊富に埋蔵することから、国内屈指の鉄生産地帯であったのです。実際、明治初期の工部省鉱山課作製『鉱山借区図』を見ると、さながら中国山地一帯が一つの巨大な鉱山であったといえます。鉄生産に不可欠な木炭、すなわち森林資源に恵まれたことも幸いしたのでしょう。アニメ映画『もののけ姫』には「たたら製鉄」の場面がありましたが、森林破壊と天井川など、代償のバランスに苦心したことが偲ばれます。

◆絲原家　奥出雲町大谷

江戸初期に備後国（広島県）から大谷に移住し、大正末期までたたら製鉄を続けた旧家です。記念館には、たたらの原理から始まり道具、製品などがわかりやすく展示がされています。また、絲原家に伝わる絵画、茶道具などの美術品や、当時の松江藩の藩主が訪れた際のお膳などの道具の展示もあります（図5‐20）。

居宅は延床面積が約４９０坪、部屋数は約40室の広大な居宅です。庭は池泉回遊式の出雲流庭園だそうで、ここを訪れ

た歌人与謝野鉄幹・晶子が庭を見て作った歌も紹介してあります。

筆者もこれらの庭を見ながら座敷で抹茶をおいしくいただきました。お茶をいただいた後、少し歩き散策路である洗心乃路へ。ここには、山野草、茶花、樹木が約３００種あるそうです。いろいろな植物を見ながら散策しましたが、９月で曙草の可愛い花が印象的でした。また、絲原家はその佇まいから映画のロケ地にもなっており、少し前ですが映画『絶唱』で使われました。

◆**櫻井家　奥出雲町上阿井**

櫻井家は、戦国の武将である塙団右衛門の末裔で、嫡男が母方の姓櫻井を名乗り広島の福島家に仕えた後、鉱山業を営み、その後出雲に移り、たたら製鉄を行なった旧家です。

屋号の可部屋をつけた可部屋集成館には多くの美術工芸品、藩主が訪れた際に使った道具、古文書など数々の展示品が並

図５-19　田部家土蔵郡

図５-20　絲原家記念館

図５-21　櫻井家（可部屋）集成館

んでいます。その隣に、山の借景を取り込んだ、見事な日本庭園と歴史を感じさせる邸宅があります。筆者は、秋に行きましたが邸宅の見事さと共に、あたり一面の紅葉の見事さに感心しました（図5‐21）。

◆田儀櫻井家たたら製鉄遺跡

田儀櫻井家たたら製鉄遺跡は、出雲の田儀海岸から7キロほど、車1台がやっとという狭く険しい谷筋を上った山間《やまあい》にあります。江戸時代初期から1890（明治23）年まで約250年間にわたり操業したといいます。今は、整理された遺跡は櫻井家の屋敷跡、鍛冶屋跡、従業員の集落跡、墓地や金屋子神社やお寺で構成され、周辺に分散するたたら跡とあわせ、近世のたたら製鉄の一貫した工程をイメージできる稀有な場所ということができます。

田儀櫻井家は将軍家光のころに海に近い田儀で製鉄を始めたといいます。田儀の山は立木が豊富で、木を切って炭がとれます。鉄山職人を引き連れ移住した田儀櫻井家は、職人を庇護しながら操業し、明治初年のピーク時には家族もいれると700人の住人を数えたといいます。今はその面影を探すのは容易ではありません（図5‐22）。

ここの遺跡の目玉は櫻井家の屋敷跡と金屋子神社です。家屋は跡形もありませんが、背後の庭を囲むように崖にそって組み上げた5段の石垣が見事に残っています。残された大きな手水鉢《ちょうず》からも、その立派さが偲ばれます。

少し離れた金屋子《かなやご》神社跡は、小高い山の一直線の石段を登ったところにあり、存在感十分です。階段中央にロープがあり、これを伝って登ると、あたり一帯が広がります。

図5-22　田儀桜井家たたら製鉄遺跡

5 石見と伯耆のたたら製鉄関連遺跡

奥石見の今佐屋山地方の出羽鋼、奥伯耆の根雨地方の印賀鋼を取り上げ、たたら製鋼の関連遺跡として簡単に紹介します。刀剣に関する書にも「印賀鋼と出羽鋼は鋼の王であり、出羽鋼は剛く、印賀鋼は温和でともに良い」と記されています。この2箇所も出雲の玉鋼と並んで、古くから優れた鋼の産地として知られていたことがわかります（図5-23）。

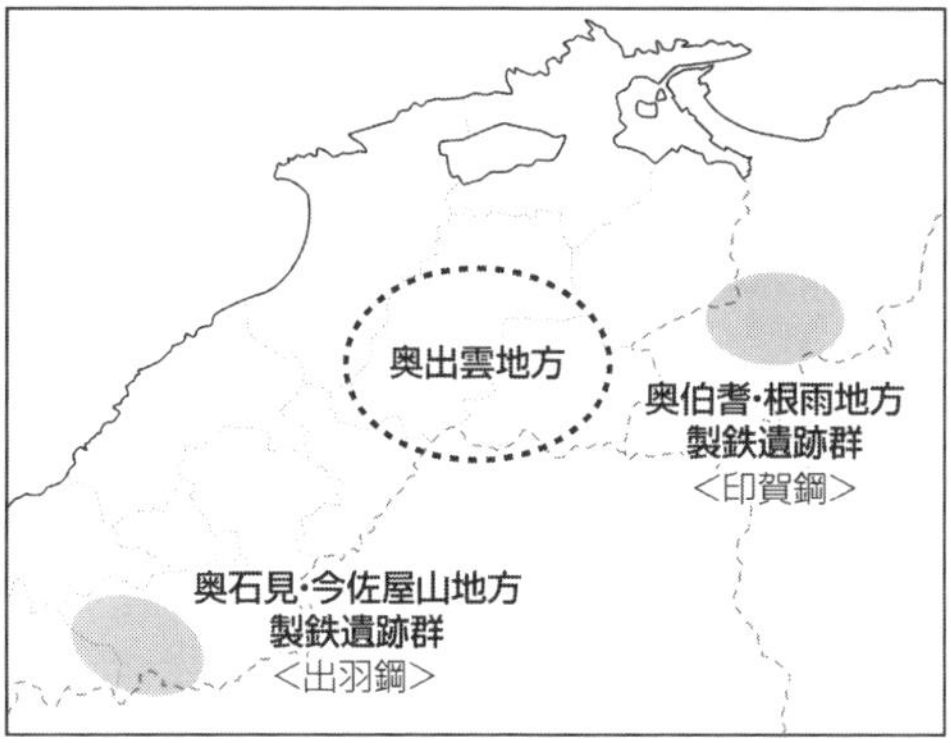

図5-23　奥石見の今佐屋山地方と奥伯耆の根雨地方のたたら製鉄遺跡

図5-24　今佐屋山《いまさやま》製鉄遺跡（邑南町）

(1) 奥石見の今佐屋山《いまさやま》製鉄遺跡と出羽《いずは》鋼

（奥）出雲地方の玉鋼が有名なために、一般的にはあまり知られていませんが、石見も銀だけではなく、古代6世紀頃から名だたる「たたら製鋼」地域でした。

石見の瑞穂《みずほ》地区（現邑南町）は、芸北・石見の境をなす中国山地の一番奥深い奥石見の山里で、かつて日本刀の素材として珍重された「出羽《いずは》鋼」を産する製鉄地帯です。古代の製鉄炉が見つかったところが、浜田自動車道の瑞穂IC敷地内にある今佐屋山《いまさやま》製鉄遺跡です（図5-24）。

この遺跡地帯は、山を挟んだ芸北の「たたら」と一体となって「永代たたら・高殿」を中世に確立、この形式は、後世、江戸期になると隆盛を極めました。

今佐屋山製鉄遺跡のまわりの谷筋には100箇所を越える多数のたたら跡が点在します。実際にこのあたりの集落をまわると、神社の一部には「たたら」の守り神の金屋子神が合祀されている場合が多く、「生家（おぶか、うぶか）」という、金屋子神に関連する地名のある集落も残っている興味深い地域です。

近所の益田市金城のたたら蔵資料館には、江戸時代と思われるさまざまな「たたら」関連資料が保管・展示されています（図5-25）。

この一帯は古代、大陸・朝鮮半島に近い場所ともいえ、製錬・精錬技術において出雲との関係、石見の銀鉱山との関係など、興味がつきません。古代日本の採鉱・冶金が大陸・朝鮮半島からどんなふうに、どんなルートで伝来し発展をとげたか、これも歴史上の謎解きミステリーのひとつでしょう。

図5-25　たたら炉関連道具類
（益田市金城町たたら蔵資料館）

図5-26　伯耆国日野町、根雨地区の資料館にあるたたら炉の模型

(2) 奥伯耆、根雨《ねう》の「たたら」と印賀鋼、近藤家

印賀《いんが》鋼は、鳥取県日南町大宮で生産されていた鉄を材料に、たたら製鋼によって作られていました。奥伯耆、根雨のたたらでつくられた素材（鋼）を江戸時代初期に「印賀鋼」という名で売り出して好評を博し、以後「印賀鋼」という名称が用いられました。しかし大正7（1918）年、景気の変動や政府の鉱業政策、低廉な洋鉄の普及などにより、近代以降存亡の危機に瀕し、最後の鉄山師近藤家の製鉄・精錬所が操業をやめ、この地のたたら製鉄の歴史が終了しました。

根雨《ねう》の街にいってみると、いまでも当時の近藤家の立派な建物や、当時の隆盛をしのばれる公民館や街並み、たたらの資料館などが存在します。地元の方から丁寧に説明をしていただける可能性もあります。筆者が訪問した時には、近藤家の係累の方がわざわざ説明してくださいました。この場を借りてお礼申し上げます（図5-26）。

COLUMN

かんな流しと斐伊川の氾濫——肥沃な平野のもとにも争いが……

近世「たたら」では、「鉄穴流《かんななが》し」という手法で砂鉄を採取したといいます。その現場を見に行きました。

鉄穴流《かんななが》しとは、砂鉄を含む山砂を渓流に流すと、軽い砂は早く下流に流れ、砂鉄は底に沈んで溜まるということを繰り返します。これで砂鉄の含有率が高くなるという比重選鉱法です。砂鉄の含有量の多い（といっても0・5〜数％程度ですが）風化した花崗岩などの山際に水路をつくり、山を崩して玉突き式に土砂を水路によって下手の選鉱場（洗い場）に運ぶのですから、95〜99・5％の砂が下流に流出するのです。

そこで実際に奥出雲町竹崎の羽内谷鉱山にかんな流しを見に行きました。選鉱場は大池《おおいけ》〜中池《なかいけ》〜乙池《おといけ》〜樋《ひ》の洗い池に分かれ、順次これらの洗い池を通しながら軽い土砂は下手に流し、重い砂鉄を沈殿させて選鉱した作業をそのままに見ることができます。砂鉄は重いので、川の曲がりくねった内側に貯まったり、浜辺に貯まったりします（図5‐27）。

図5 - 27　現在でも、このような「かんな流しの溝跡」が残っている（奥出雲町竹崎）

奥出雲町でも1972（昭和47）年まで鉄穴流しが行なわれていたと言いますので、結構最近まであったのです。通常、この作業は秋の彼岸から春の彼岸までの農閑期に行なわれました。冬に寒さの厳しい奥出雲地方の花崗岩は、雨風による風化が進みやすく、たたら製鉄に適した砂鉄を採取するには好都合ですが、冬期の雪中の大変過酷で危険な作業だったようです。流すほうも、流されるほうも必死で生きていた背景が見えてきました。

斐伊川は典型的な天井川であり、ひとたび氾濫すると、その被害は簸川平野一帯に広がります。また、宍道湖と中海をつなぐ川幅が狭いため、宍道湖周辺では水があふれやすくなっています。逆に言うと、そのおかげで肥沃な出雲平野ができたとも言われています（図5－28）。

そう書いたものの、筆者の実家は、まさにこの斐伊川下流の高い土手のふもとにあり、土手に上がると、川の底が上がっているのが見えます。砂がたまって、まさに天井川になっているのです。このため大雨になると、毎度毎度ひやひやもので、実際に中堤防はよく切れるという事態に陥ることもあり、その恐怖心は忘れることができません。

図5 - 28　斐伊川のながれを神立橋下流域から（川自体がくねっているのでヤマタノオロチという人も……）（出雲市斐川町）

エピローグ
古代材料の中心地から「材料技術と歴史」の未来里へ

本書では、古代しまね（隠岐、出雲、石見とその近傍地域）における材料資源をベースに、技術と人々の足跡を追って、古代の資源や技術の源流にアプローチしてきました。日本列島は過酷な火山性の自然をもちます。その結果、猛威の吹き出し口には多彩な金属資源が山積みされていました。ある意味でそれは、日本人への格段のボーナスだったといえるでしょう。

特に日本海に突き出した島根半島の海岸は、当時から交通の要所、資源の宝庫であり、豊かさの象徴ともなっていました。列島と海では、もともとの日本人と多くの渡来民族との融合がありました。過酷だけれど豊饒、日本海流のぶつかる場所としてパラダイスのような土地だったかと想像しています。

本書の意味は、かつて日本の〝中心〟だった「古代しまね」の再発見です。そして材料資源と技術の歴史と文化のミックスを背景に、これからの新しい生き方をさぐっていこうということです。言葉を換えると、この地では、豊富な歴史をベースにゆとりある人間らしい生活ができ、また斬新な起業や事業展開も可能だと筆者は考えています。つまり、かつて世界に誇った金属やセラミックス資源と加工をキーワードに、材料技術の歴史をベースにした未来創りです。

その思いと歴史を再度整理して、3つの視点から簡単な仮説を提案します。

(1) 日本そして「古代しまね」の地政学とは

あらためて「古代しまね」の地理的、文化的、歴史的特徴を振り返ってみます。島根半島は大陸に近く、海を渡って中国、朝鮮半島、ロシア、モンゴル等から挑戦心に富んだ人々が渡来し、土着の日本人と融合と軋轢を生じながらも、やがて一つの文化圏を作り、合衆国のような状態をつくってきたものと考えられます。

すなわち、交通・物流（大陸との往来、日本国内の資材・人物）の拠点として絶好の位置にあり、日本海の「ラグーン型交流拠点」でした。

具体的につながりが明確なところは、北九州、若狭（丹後、平安京）、越の国（能登半島、糸魚川、出雲崎など）で、隠岐も中継点となっていました。古代のしまね、特に出雲地方は、土木・建設の力、資源力（採鉱冶金や技術蓄積）、自然災害や敵からの防備力に秀でていたことがわかっています。「古代しまね」はグローバルで、まだまだ謎も多いミステリアスな合衆国といえそうです。

また隠岐を橋頭堡として、多くの渡来人がリマン海流、対馬海流の流れに乗って南洋、中国、朝鮮、ロシアなどから出雲、石見に到達したのです。新しい技術も入り、生活レベルも上がり、開拓精神に溢れた地域だったことでしょう。まさに島根が当時の「玄関・入り口（ゲート）国」「表日本」ともいえる時代が目に浮かぶようです。たぶん当時の世界の中でも、最もグローバル化された地域でした。

(2) 古代しまねの壮大な技術遺産
豊かさとリーダーシップを支えた材料資源

一方では、産業革命以前の材料・資源開発は、人材、食糧、水と住居環境がよく、鉱物資源、森林資源があることが重要でした。この意味でも、火山の国の豊かな資源である鉄、銀、銅などが取れ、繁栄する条件にぴったりの要素があったのです。

この地域に具体的に何があったか？　縄文中期から弥生時代にかけての財産を改めてみていくと、各種重要材料・加工品が特産品でした。これは次の製品と技術蓄積も多かったことを意味します。

・石器（黒曜石：刃物）、玉作り（瑪瑙、翡翠）、祭器、装飾品。
・各種土器、須恵器（保存、加熱機器）、土師一族と製品（埴輪など祭器・黄泉系）。
・金属資源：銅、鉄、黒鉱、金、銀が極めて豊富。各種加工金属道具、祭器。

古代しまね（特に出雲と石見）は、日本の古代鉱山・製錬のメッカでした。技術的にもたたら吹き法、灰吹法などの技術によって、古代から金属器具（農機具、武器）の生産量が圧倒的に多く、政治上も重要な地方となっていたでしょう。

その理由のひとつは、良質な砂鉄、後背山林の優れた質の木炭（火力）にあります。ここでは搬出手段が完成するという林業体系ができていて、良質な水が同時に手に入るという地域だったこともポイントです。さらに働く人々を支える肥沃な土地があり、農作物や海産物が安定的にとれるという食糧面でも恵まれていたこともあります。これらをベースにした古代しまねは、ゆるやかな集合国家（分散型国家）として「流通の起・結点・資源国・国つくり能力」⇔「技術者（職人）集団」の日本の中心として存在したと考えられます。

大きな転換点は、船と航海技術の進歩（ＡＤ３～４世紀ごろといわれています）により、大陸から多量の人が北九州へ上陸し、大量の鉄系材料（鋳物＋鍛造鉄塊）が流入し、さらに瀬戸内海の物流が確立されたことです。

その結果、主要な金属ロードが、旧来の日本海側から、北九州⇒瀬戸内（吉備など）⇒畿内拠点に移ったのでしょう。中心地も移動し権力構造も変化していきます。相対的に、古代しまね地方や日本海側の地位が低下しました。冬の日本海は荒天のため渡れない、伝来の銅や少量の鉄などでは新しい金属技術に太刀打ちできなくなり、これが「国譲り」につながったと推定できます。

しかしその後江戸時代まで、出雲・石見は鉄と銀で大きく復活します。日本の基本的な輸出量の３分の１以上のものが、「古代しまね」地方から産出されることになっていたのです。日本中の刃物鉄の80％、銀は70％が「しまね」からでした。これは世界的に見ても30％という巨大な量です。

このように古代から江戸時代まで、「古代しまね」‐島根地区は、鉄、銅、銀さらに黒曜石などの巨大な材料資源の埋蔵、生産地でもありました。鉄は奥出雲と奥石見の砂鉄、銅は島根半島にある鷺浦《さぎうら》にあった銅山群など、銀は世界遺産にもなった石見銀山（大森銀山）の一帯、隠岐の黒曜石などです。その結果、日本の材料と加工技術において、この地方の貢献度は極めて高いということがいえます。

これらは、優れた技術遺跡としての広範な活用が考えられます。多くの金属の製錬プロセスの跡が残る遺産そのものを目の当たりにして、技術者には感慨深いものがあるのではないでしょうか。広大な遺跡としての活用、伝統技術の未来資産化＝技術遺産＝自然の融合博物館のイメージが考えられます。

(3) 日本中に拡がる材料技術をベースにした出雲系神社とは

じつは出雲系神社の神々（ご神体）の多くは、山、磐倉すなわち鉱山・金属資源などの自然系となります。相対的に危険性の高い土木作業や火や水を使う採鉱・冶金系の業務内容についての守り神と考えると、各地への拡がりが理解できます。

「古代しまね」の中心だった、古代出雲に伝わる典型的な神話を3つ考えてみましょう。

（神話1）国譲りの意味……天孫系にとって出雲の資源と人材（神）の価値が大。

（神話2）国引き（くにびき）……出雲における土木系技術の高度さを示す。

（神話3）大国主の「国造り」力……国土を切り拓くことは人間が快適に住めること。

この3つの神話の意味を考えていくと、出雲地方には神社の数が相対的に多いだけでなく、出雲系神社が日本中に拡がっている理由がわかります。首都圏2450社のうち1700社、東日本全体でも6300社のうち1850社が出雲系です。

もともと「古代しまね」は、産出した鉱産物や原料鉱石、金属塊、鋳造・鍛造加工品を搬出する良港にも恵まれていました。日本海ルート（海外）、北前船ルート、中国山地越えルートなど複数のメインルートがそろっていました。今でいうと、大型の国際・国内空港と、高速道路、新幹線がそろっているようなものですね。

しかし、「国譲り」によって天孫系のヤマト王国（政権）に統治され、律令制（集中型）の統一官僚管理型集団の支配下に置かれます。その時に元々の資源関連＋国つくり能力を持つ古代しまねの技術者（職人）は、集団で平城京（奈良）、平安京（京都）での町づくり＋全国の資源鉱山などに大挙して移住した（させられた）と考えられます。

このような技術とノウハウを持つ出雲族の人々は、もともとは出雲系神社のお札やお守りを持参して日本各地に出張していたことでしょう。それが「国譲り」で大幅に神様そのものも移住することになったのでしょう。

移住先は、大和経由京都（街・町のインフラつくり、衣食住の豊かさを支える土器、祭器、土師：鉄器技術者）、さらに関東、武蔵の国（荒川流域の開発・物流、農業、鉱山技術者）、そして日本全域への展開となったといえます。

これが、奈良、京都に、今でも出雲の名前と神々の社が存在する理由でしょう。また東日本、特に関東平野の武蔵の国などは、鉱山開発地域といわれる地域でもあります。結果として出雲系神社が存在して、その中にも材料技術の歴史が詰まっていると考えるとつじつまが合ってきます。

島根大学の生き残り戦略
アカデミズムの未来へのとり組みから

三原　毅　記

わが国では少子化の傾向が定常化し、私立、国公立を問わずあらゆる大学に、文字通り存続をかけた改革が求められています。国立大でも、特に多くの地方大学では建物の老朽化が着実に進行しており、いかにしてこの状況を生き残るか、文科省や財務省を納得させる、大学としての生き残り戦略が不可欠な状況にあります。

これらの状況の下で、島根県は、他の都道府県に比べても、産業は目立って少なく、人口の減少に加え、他県への若年層の流出も顕著です。島根県はまた、産業の40％が素材産業であり、これらの企業を技術や研究で後押しし、現状を打破する必要があります。このため地域産業振興の起爆剤となるエンジニアの育成や、県内企業の活性化に繋げるため、島根大学に材料系学部を設置する戦略の必要性が共有されました。

この戦略に沿って２０１８年、島根大学と島根県は、本書にある素材産業やたたら製鉄の歴史をふまえつつ、現在の特殊鋼製造メーカーを巻き込み、特殊鋼についての研究所「たたら協創センター」を設置しました。さらに、たたら製鉄に加え、銅や銀の精錬技術の歴史、また瓦や陶器製造の歴史も踏まえ、より広範な材料を研究・教育する学部設置を目指し、文科省プロジェクトへ応募しました。

結果として２０２３年に「材料エネルギー学部」が認められ、定員80名の材料系工学部としてスタートしました。さらに２０２４年には、「先端マテリアル研究開発協創機構」も設置しています。

これらにより島根大学は、材料研究拠点を形成することで、大学の生き残りを賭けようとしています。以下それぞれの組織について概要を紹介します。

２０２４年現在ＮＥＸＴＡは、専任教員が10人、学内外からの連携教員19名の体制であり、材料エネルギー学部は26人の専任教員で、先端マテリアル研究開発協創機構は、専任教員7名、専任高度技術職員1名の体制で運用されています。

1　次世代たたら協創センター（ＮＥＸＴＡ）設置

２０１８年、島根県が申請した内閣府「地方大学・地域産業創生交付金事業」に「先端金属素材グローバル拠点の創出－Next Generation TATARA Project－」が採択され、設立されました。

たたら製鉄の伝統が息づく島根の地で、島根県内の特殊鋼企業と島根大学が、それぞれが蓄積した知見を相乗的に発展させて、新材料の研究開発を行なうことを目指す研究所であり、これらの活動を通じ、県内企業を活性化することで、若者に魅力ある就学・就業の場を作り、地方創生を推進する計画です。

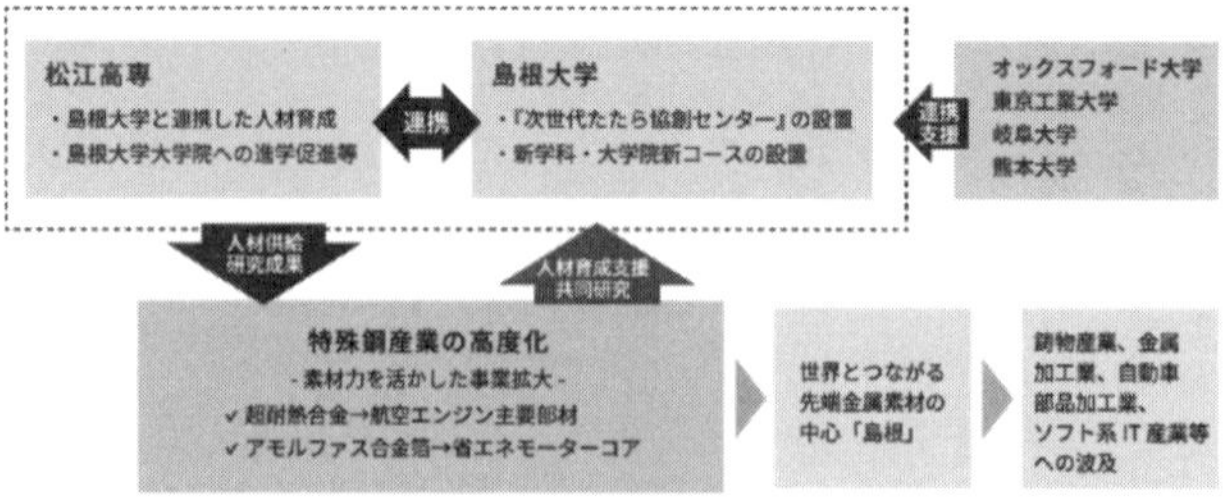

島根大学 次世代たたら協創センター "NEXTA"

図付1　先端金属素材グローバル拠点の創出 NEXTA の連携イメージ

また本プロジェクトの研究・教育の中核を担う研究所として「次世代たたら協創センター」（NEXTA）が大学内に設置されました。このセンター長には英国・オックスフォード大学の、耐熱合金の著名な研究者である、ロジャー・リード（Roger Reed）教授を招聘しました。現在本協創センターでは、英国オックスフォード大学、英国ケンブリッジ大学からの研究者を迎え、学内教員との共同研究が展開されており、また県内企業のプロテリアル㈱（旧日立金属）を始めとする、複数の企業の技術者や研究者が、NEXTAで共同研究を行なっています（図付1）。

NEXTAでは、コンピュータ計算を駆使した合金設計や複数の開発プロジェクトが並行して実施されています。世界トップレベルの研究を通じて金属材料のエキスパート人材を育てることを目指すとともに、参画企業の事業展開にも寄与するための研究開発が進められています。

なお「次世代たたら協創センター」の名称は、島根の地において継承され日本刀材料である玉鋼を供給し続けている伝統的製鉄法の「たたら製鉄」に因んでおり、さらに、地域全体でものづくりを推進していくという願いを込めて命名されたものです。通称は「NEXTA」と呼んでいるのですが、「Next Generation TATARA」から「Next」のN.E.Xと「TATARA」のT.Aを合わせたネーミングなのだそうで、「次世代」を表す「Next generation」と「伝統的な"TATARA"」をクロスさせるという意味も込められていると聞いています。

2 材料エネルギー学部の創設

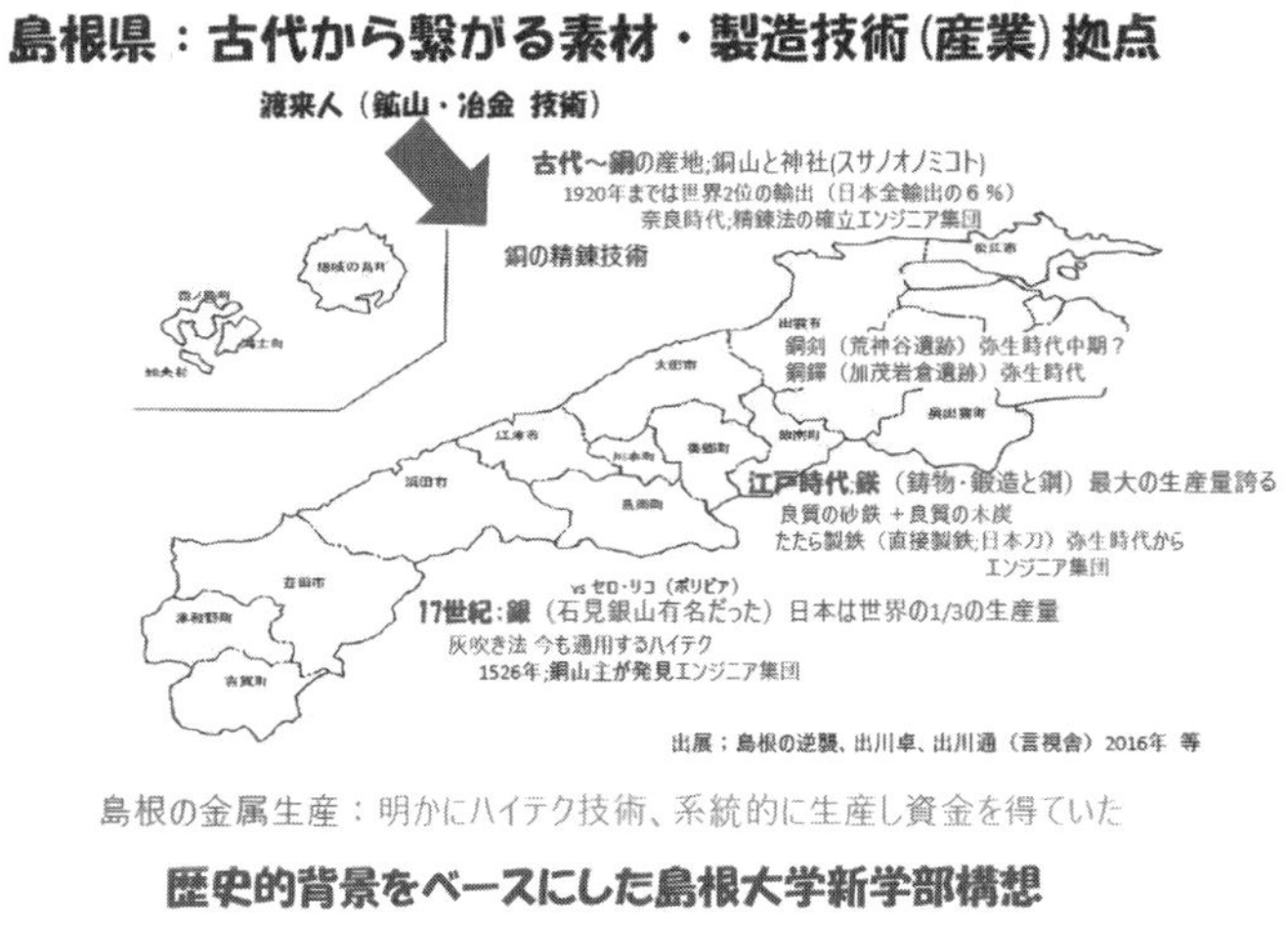

図付２　島根大学材料エネルギー学部創出時の説明資料

2-1 学部設置の背景

材料エネルギー学部は、２０２３年文科省の「魅力ある地方大学の実現に資する地方国立大学の定員増」で２０１８年に認可されました。前述のＮＥＸＴＡとの関係は、特殊鋼を研究する研究所に対し、学部はより広範な材料を対象にした、研究・教育機関として設置が認められました。

材料エネルギー学部設置の背景としては、島根の素材産業の歴史として、図付２に記載したとおりたたら製鉄に加え、古くから銅山や銅（青銅器）の製錬技術もあり、年代測定で弥生時代に作られた夥しい数の銅剣や銅鐸も発掘されています。さらに世界遺産として有名な石見銀山があり、17世紀には世界に名を馳せた銀山と当時先端の製錬・精錬技術も確認されています。

これら金属精錬技術だけでなく、隠岐地方には古代の刃物材料としての黒曜石や出雲地方の勾玉加工技術があり、土師一族がいるなど、島根の地には、系統的な産業が整備され、長年にわたり膨大な利益を生み続けた集団があったことを示しています。

さらに、ここで使われた製錬手法は、たたら製鉄にしても、銀製錬の灰吹き法にしても、陶器の焼き物くらいしか産業のなかった当時においては、画期的な超ハイテク技術であり、先進のエンジニア集団がこの地にいたのは間違いないと思われます。

2-2　材料エネルギー学部への期待

島根大学と島根県は、地域産学振興の拠点として２０１８年のＮＥＸＴＡ設立とともに高等教育機関としての新学部の新設を目指しました。大学院とともに、毎年一定の卒業生がエンジニアとして育ち、県内外の企業の中核技術者として活躍することで、企業や産業の活性化に寄与し、県内産業の起爆剤になることが強く期待されます。

図付３　学部教員スタッフ：新棟建設現場での集合写真（2024.4）

島根県内の製造メーカーの40%が、金属・化学・製紙・セラミックスを含む素材産業ですので、広範な材料産業への人材供給や技術開発を担う、材料系が求められました。そうしたなか、島根県・島根大学と関係者の間で「材料エネルギー学部」設立への期待が高まり、材料エネルギー学部は２０２３年4月に発足しました。

島根県や文科省から異例の財政的支援も受け、この2月に5階建ての新しい実験棟の建設が完成します。図付3の写真は、２０２４（令和６）年4月現在の材料エネルギー学部教員とスタッフの集合写真です

民間企業から見ると大学は、いくら気軽に使って下さいと言ってもやはりハードルは高く、大学を利用するメーカーの多くは、研究開発部隊を有して研究開発を行なっています。

これまでも、研究・開発業務の困り事の一部を大学教員に相談したり、あるいは共同研究によって解決する試みがなされてきました。新学部では、従来の日々の困り事に関わる共同研究とともに、企業の持つ何らかの優位技術に大学教員の持つ新しい研究や技術を付加して、新事業を展開できないか試みています。

このためのコンサルや、これら事業展開のための外部資金獲得を、大学教員や県の機関がお手伝いするなど、幅広くやる気のある企業に伴走する予定です。材料エネルギー学部の新研究棟5階に、インキュベーションフロアとして、各企業

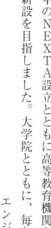

が大学に気軽に相談できる場を設け、産業振興をはかるための産官学協創の場とします。

2-3　材料エネルギー学部の目指す教育

材料エネルギー学部設置の目標と特徴は、「カーボンニュートラルを含むエネルギー問題を、材料の視点から検討し解決するための学部」であり、あくまで、工学部の材料系で定員80名の日本最小の工学部です。全国の既存の材料系の学科は、その多くが冶金学をルーツに持ち、金属材料を中心にセラミックや半導体等も加えた材料の教育・研究が行なわれてきました。これに対し、材料エネルギー学部では、エネルギー問題にかかわる研究、たとえば電池も扱うので、有機・無機化学の研究者を加えることで、応用化学、生体材料、製薬、化粧品まで、極めて広範な材料を対象に研究・教育を実施する構成です。

昨今のAI技術やDX4.0等の情報科学の進展を受け、これまで工学部の中でも情報技術の利用が少なかった材料研究各分野において、広範に情報工学と連携することで新規分野を構築することを目指します。情報系の研究者にも参加いただくことで、幅広い意味で情報分野を融合した、材料工学の新しい展開を期待しているわけです。

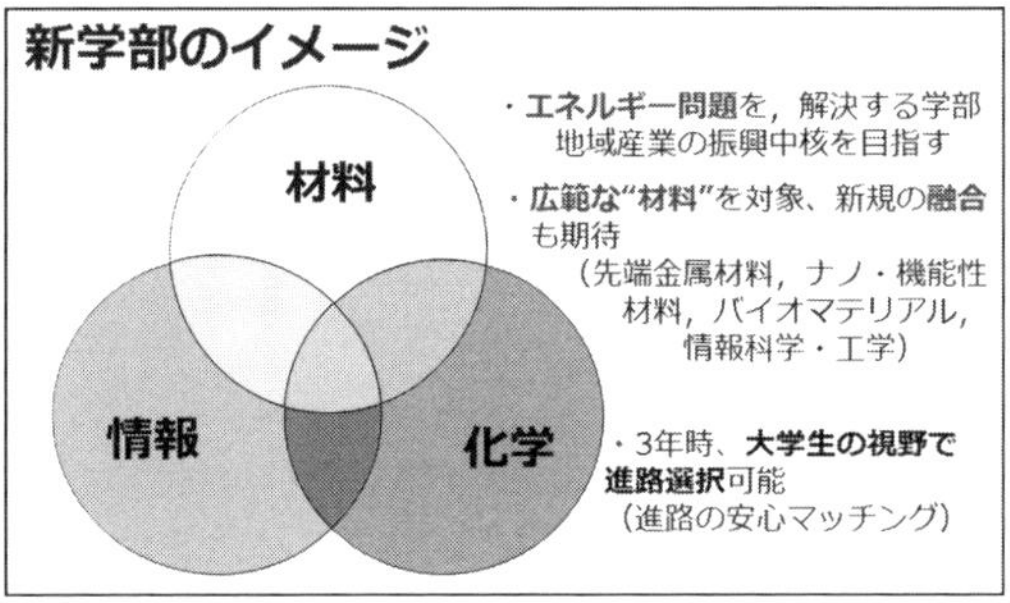

図付４　材料エネルギー学部の広範な教育・研究体制のイメージ

材料と情報の融合分野での最大のトピックスは、近年の計算機を用いた材料開発（マテリアルズインフォマティクス）を目指す動きです。これまで新しい金属材料の開発については、長年実験に依存してきたのですが、計算機上で計算により金属材料を開発するトライが始まっています。本学部に入学した学生が、社会で活躍する頃には、マテリアルインフォマティクスが広く実用されるであろうと考え、現状研究成果が出せていない段階ではありますが、マテリアルズインフォマティクスの系統的授業を他大学に先駆けてスタートしています。

以上、材料エネルギー学部の特徴の一つは、金属材料、応用化学さらに情報工学の研究者を加えた、これまでのわが国の材料系にはない新しい材料系学部を設立し、これらの融合を図ろうとしています。これまで材料系にはなかった、化学や情報の研究者が金属材料の研究者とともに1つの学部に在籍し、さらに意識してこれらを融合することで、新しい材料研究領域を切り拓く企みをトライしています。

図付4には材料エネルギー学部の広範な教育・研究体制のイメージを示しています。材料・応用化学・情報分野の広い分野を持つ教育・研究体制を有しており、異分野の融合を積極的に進め、新しい材料系の魅力を発信することを目指します。

さらに加えてエネルギー教育として、カーボンニュートラル等のエネルギー問題を解決するための知識や研究を社会実装することを真剣に考えるアントレプレナーへの道としてのカリキュラムを導入しています。具体的には本学部の研究と教育の柱と位置付けた「新材料・エネルギー技術で新しい社会を作り上げる道」を全員が臨む必修科目としています。

3 先端マテリアル研究開発協創機構

2024年1月に、島根大学はさらに「先端マテリアル研究開発協創機構」という名の、研究施設を設置しました。これは前記NEXTAが、特殊鋼の研究に特化した研究所であるのに対し、材料エネルギー学部が対象とする材料が、有機・無機化学材料を含むなど広範にわたることに対応し、研究分野を広範な材料に広げる研究所です。先端マテリアル研究開発協創機構は、まだ発足したばかりで、研究スペースも現在確保しながら活動が始まっています。

参考ウェブサイト

しまねの古代金属資源・材料関係関連博物館、資料館などのリストと地図については、下記「島根大学総合博物館サイト」に最新情報などが詳しくでていますので、参照していただくことをお勧めします。

（全体資料：https://museum.shimane-u.ac.jp/shimanemuseumlink.html）

「島根県内の金属（銅・鉄・銀など）に関係するミュージアム・遺跡をマッピング：A：島根のメタル文化を学ぶ（島根大学総合博物館アシカルから）」

http://museum.shimane-u.ac.jp/fieldmuseum.html

参考図書リスト（各章ごとに、古い順に示しています）

第１章　日本列島、古代しまね全般、技術源流、年代特定など、全般

三枝博音著『技術の哲学』岩波全書、１９５１年11月
小林行雄著『古代の技術』塙選書、１９６２年９月
加藤義成著『出雲国風土記』今井書店、１９６５年12月
宋応星撰『天工開物』平凡社、１９６９年１月
注解　千葉徳爾『日本山海名産名物図会』社会思想社、１９７０年６月
吉田光邦著『両洋の眼　幕末明治の文化接触』朝日選書、１９７８年９月

吉田大洋著『謎の出雲帝国』徳間書店、１９８０年
速水保孝著『原出雲王権は存在した』山陰中央新報社、１９８５年9月
門脇禎二著『日本海域の古代史』東京大学出版会、１９８６年9月
吉田光邦著『日本と中国─技術と近代化』三省堂、１９８９年5月
清川理一郎著『環日本海　謎の古代史』彩流社、１９９６年7月
荻原千鶴著『出雲国風土記　全訳注』講談社学術文庫、１９９９年6月
原武史著『出雲という思想』講談社学芸文庫、２００１年11月
加藤貞仁、鐙啓記著『北前船　寄港地と交易の物語』無明舎出版、２００２年10月
新井宏著『理系の視点からみた「考古学」の論争点』大和書房、２００７年8月
松尾寿、田中義昭ほか著『島根県の歴史　第2版』山川出版社、２０１０年1月
古代出雲王国研究会著『山陰の古事記謎解き旅ガイド』今井出版、２０１０年9月
松山晋作著『新版　今昔メタリカ　金属技術の歴史と科学』オフィスＨＡＮＳ、２０１１年12月
村井康彦著『出雲と大和』岩波新書、２０１３年1月
平沼光著『日本は世界一の金属資源大国』講談社α新書、２０１１年3月
三浦佑之責任編集『出雲　古事記、風土記、遷宮・よみがえる神話世界』現代思想、青土社、２０１３年12月号
桃山堂編『火山と日本の神話』桃山堂、２０１６年2月
新野直吉著『古代日本と北の海』吉川弘文館、２０１６年3月
蒲池明弘著『火山で読み解く古事記の謎』文芸春秋、２０１７年3月
戸矢学著『オオクニヌシ　出雲に封じられた神』河出書房新社、２０１７年8月
門田誠一著『海から見た古代日本』吉川弘文館、２０２０年10月

第2章　隠岐、黒曜石、玉造、土師、石州瓦、来待石、土器・陶器など

藤田洋三著『消えゆく左官職人の技　鏝絵』小学館、1999年12月
木村泰夫著『天神さん人形』日貿出版社、2000年1月
瀧音能之著『「出雲」からたどる古代日本の謎』青春出版社、2003年11月
松本健一著『隠岐島コミューン伝説』辺境社、2007年1月
牧尾実著『隠岐共和国ふたたび』論創社、2008年9月
三田誠広著『菅原道真　見果てぬ夢』河出書房新社、2013年2月
森田一平、片山大輔著『石神さんを訪ねて　出雲の巨石信仰』山陰中央新報社　2015年12月7日
川原和人著『古代出雲繁栄の謎』ハーベスト出版、2017年9月
『隠岐の黒曜石』島根県立古代出雲歴史博物館企画展図録、2018年3月

第3章　銅、青銅関係

谷川健一著『青銅の神の足』集英社、1979年6月
松本清張著『古代出雲王権は存在したか』山陰中央新報社、1985年5月
松本清張編『銅剣・銅鐸・銅矛と出雲王国の時代』日本放送協会、1986年9月
島根県斐川町著『荒神谷遺跡の謎ブックレット③　銅剣358本はどこで作られたのか』島根県斐川町、1991年12月
谷川健一著『青銅の神の足跡』小学館、1995年4月
村上隆著『金・銀・銅の日本史』岩波新書、2007年7月
田中義昭著『古代出雲の原像を探る　加茂岩倉遺跡新』新泉社、2008年12月
梅原猛著『葬られた王朝　古代出雲の謎を解く』新潮社、2010年4月

第4章　銀関係

豊田有恒著『世界史の中の石見銀山』祥伝社新書、2000年6月
湯原公浩編『別冊太陽　石見銀山』平凡社、2007年11月
小寺雅夫著『石州の歴史と遺産―石見銀山領・浜田藩・津和野藩』渓水社、2009年9月
豊田有恒著『世界史の中の石見銀山』祥伝社新書、2010年6月
今日と明日の三瓶を創る会　編　『三瓶ゆめガイド』
川上隆志著『江戸の金山奉行　大久保長安の謎』現代書館、2012年3月
齋藤努著『金属が語る日本史』吉川弘文館、2012年11月
本多博之著『天下統一とシルバーラッシュ』吉川弘文館、2015年7月

第5章　古代鉄、たたら、玉鋼関係

黒岩俊郎著『たたら　日本古来の製鉄技術』玉川選書、1976年11月
山内登貴夫著『和鋼風土記　出雲のたたら師』玉川選書、1987年8月
清川理一郎著『諏訪神社　謎の古代史』彩流社、1995年3月
真弓忠常著『古代の鉄と神々　改訂新版』学生社、1997年10月
窪田蔵郎著『鉄から読む日本の歴史』講談社学術文庫、2003年3月
光永真一著『たたら製鉄』吉備人出版、2003年11月
河内国平・真鍋昌生著『刀匠が教える日本刀の魅力』里文出版、2003年11月
天田昭次著『鉄と日本刀』慶文社、2004年6月
『たたら　日本古来の製鉄』JFE21世紀財団、2004年7月
矢田浩著『鉄理論＝地球と生命の奇跡』講談社現代新書、2005年3月

百瀬高子著『御柱祭　火と鉄と神と　縄文時代を科学する』彩流社、２００６年７月
浅井壮一郎著『古代製鉄物語　「葦原中津国」の謎』彩流社、２００８年８月
田中和明著『よくわかる最新「鉄」の基本と仕組み』秀和システム、２００９年11月
出雲市編『史跡田儀櫻井家たたら製鉄遺跡　総合ガイドブック　～この一冊で田儀櫻井家が分かる！～』出雲市、２０１１年３月
黒滝哲哉著『美鋼変幻　たたら製鉄と日本人』日刊工業新聞社、２０１１年３月
長野忠ほか著『奥出雲からの挑戦』文芸春秋企画出版部、２０１２年１月
日本鉄鋼協会編『遥かなる和鉄』慶友社、２０１５年２月
長野正孝著『古代史の謎は「鉄」で解ける』ＰＨＰ新書、２０１５年３月
臺丸谷政志著『日本刀の科学』ＳＢクリエーティブ、２０１６年６月
永田和宏著『人はどのように鉄をつくってきたか』講談社ブルーバックス、２０１７年５月
角田徳幸著『たたら製鉄の歴史』吉川弘文館、２０１９年６月
永田和宏著『たたら製鉄の技術論』アグネ技術センター、２０２１年４月
永田和宏著『日本の鍛冶の技術論』アグネ技術センター、２０２３年７月

その他、各地の古代しまね関係のフィールド調査関係など

谷川健一著『出雲の神々』平凡社、１９９７年11月発行
谷川健一編『金属と地名』三一書房、１９９８年５月
前島己基編著『古代出雲を歩く』山陰中央新報社、１９９７年５月
谷有二著『「モリ」地名と金属伝承』未来社、２０００年９月
関和彦著『増補新版　新・古代出雲史　「出雲国風土記」再考』藤原書店、２００１年１月
関和彦著『古代出雲への旅　幕末の旅日記から原風景を読む』中公新書、２００５年６月

藤岡大拙著『今、出雲がおもしろい』ＮＰＯ法人出雲学研究所、２００７年11月
保高英児著『日本列島に映える古代出雲紀行』明石書店、２００８年２月
関裕二著『古代史謎めぐりの旅：出雲・九州・東北・奈良編』ブックマン社、２００９年９月
川島芙美子、関和彦ほか著『山陰の神々古社を訪ねて』山陰の神々刊行会、２０１１年６月
平野高司著『神話の聖地　出雲』高速道路交流推進財団、２０１２年３月
島根県奥出雲町教育委員会　『炎舞う奥出雲のたたら景観』２０１４年
松本直樹著『神話で読み解く古代日本』ちくま新書、２０１６年７月
岡本雅亨著『出雲を原郷とする人たち』藤原書店、２０１６年12月
木村博昭著『古代出雲王国と神々の伝承』批評社、２０１９年９月
三浦祐之著『出雲神話論』講談社、２０１９年11月
岡本雅亨著『越境する出雲学』筑摩書房、２０２２年８月
三浦祐之著『風土記博物誌』岩波書店、２０２２年10月
磯田道史ほか著『神話で読み解く古代日本』祥伝社新書、２０２３年５月
出川通著『【首都圏近郊】出雲系神社探索ガイド』言視舎、２０１７年４月
出川卓、出川通著『出雲　歴史ワンダーランド』言視舎、２０１６年11月
出川卓、出川通著『島根の逆襲』言視舎、２０１２年３月

本書の視点と謝辞

本書を手に取られた方にはいくつかの発見をしていただくことを期待しています。それはこの本が古代資源と産業技術遺産による目で見直すことで、島根には日本の古代技術がいっぱい詰まっていること、具体的には出雲・石見・隠岐の金属・セラミック資源などの材料技術を掘り起こすことで示し、未来の展開につながっていることを理解していただきたいと思います。

本書の監修者と著者は、すでに還暦を過ぎた世代、日本の高度成長期に合わせて日本、世界を転々として仕事をしてきた経験を持っている研究者と元技術者です。いずれも生まれ故郷は地元で専門は金属技術で故郷を30年以上、つかず離れずでいました。「古代しまね―現在の島根―未来のしまね」を見る視点の認識は人それぞれですが、その中の限られた新しい発見と視点と納得の思いをベースに話し合い、島根の共通の材料未来像を愛情を込めて書いたつもりです。内容については未熟な点や独断と偏見もあると思いますが、まずはたたき台としてある程度は許容のほどをお願いいたします。

本書の想定読者としては、まずは古代資源と産業技術遺産に興味を持つ方、とくに日本列島全体の古代資源としての金属・セラミック材料・技術を俯瞰した目で見直すことで技術源流などに興味をもつ方々、そして日本海側の古代しまね地域と定義した、旧出雲国、石見国、隠岐国、伯耆国および備中国、備後国・安芸国、長門国の山側の関係者の方々です。さらにいうと、島根県在住の方、島根出身で現在離れている方、そして島根に少しでも関心をお持ちの全国の方ということになります。

最後になりましたが、今回本書を出すに当たっても、古代しまね各地での取材で多くの人にお世話になりました。特に、本書の執筆を強く勧めていただき、監修者としてもこころよく引き受けて、貴重なコメントを沢山いただいた、島根大学材料エネルギー学部長の三原毅博士、また本書の出版のために貴重な時間を割いてくださった関係の多くの方々、それ以外にも多くのご意見と御助言をいただいた皆様に、個人名は出しませんが改めて厚くお礼申し上げます。

（出川　通記）

監修者

三原毅（みはら・つよし）

島根大学材料エネルギー学部長。1956 年出雲市生まれ、東北大学工学部、修士課程の後、論文博士（東北大学）。東北大学工学部助教授・准教授を経て 2007 年富山大学　大学院機械知能システム工学専攻教授の後、2015 年東北大学　大学院工学研究科教授、東北大学材料系３専攻主任専攻長を経て 2022 年定年退官後、島根大学工学系新学部 設置室室長と東北大学 NICHe 学術研究員（NEDO 事業）を兼務。2023 年より現職、専門は材料評価学、破壊力学、超音波計測。松江市在住。

執筆者

出川通（でがわ・とおる）

島根大学アドバイザー。1950 年出雲市生まれ、江戸技術者、古代金属、出雲系神社に関する多数の書籍や記事を執筆するとともに、多くの大学、高専でも講義中。早稲田大学、東北大学、香川大学、島根大学、大分大学各客員教授を歴任、工学博士。企業の研究開発者として新事業立ち上げを経て 2004 年に株式会社テクノ・インテグレーションを設立、代表取締役社長として、実践 MOT(技術経営) やイノベーションのマネジメント手法を用いて開発・事業化のコンサルティングを行なう。著書は『島根の逆襲』『出雲歴史ワンダーランド』『首都圏近郊　出雲系神社探索ガイド』、『江戸時代のイノベータ列伝』『平賀源内に学ぶイノベータになる方法』『ライフデザインの教科書』(いずれも言視舎刊) ほか多数。東京在住。

装丁………佐々木正見
DTP 制作………REN
編集協力………REN、田中はるか

ハイテクの材料王国 古代しまね
技術の源流と未来を出雲・石見・隠岐にさぐる

発行日✣2025年4月30日　初版第1刷

著者
出川通

発行者
杉山尚次

発行所
株式会社言視舎
東京都千代田区富士見 2-2-2　〒102-0071
電話 03-3234-5997　FAX 03-3234-5957
https://www.s-pn.jp/

印刷・製本
モリモト印刷(株)

ISBN978-4-86565-290-1　C0021

言視舎刊行の関連書

978-4-86565-077-8

【首都圏近郊】
出雲系神社探索ガイド
東日本に広がる古代出雲の世界

神社めぐりを徹底サポート。なぜ東日本に「出雲系」の神々がこれほどたくさん鎮座しているのか、その由来を解きながら歴史散歩を楽しみましょう。出雲大社に行かなくてもご利益があります。写真多数

出川通著　　Ａ５判並製　定価 1600 円＋税

978-4-86565-067-9

出雲 歴史ワンダーランド

日本最大の神話の里「出雲」を実際に徹底的に歩き、神々と神社の世界を再発見。いたるところに秘められた物語を掘り出します。古代だけではなく、近代に至る歴史散歩も充実。

出川卓＋出川通著　　四六判・並製　定価 1600 円＋税

978-4-905369-27-1

【増補改訂版】
島根の逆襲
古代と未来、地方と世界をむすぶ発想法

古代史謎解き観光情報多数。神話の里、パワースポット、古代技術遺産、長寿から逆襲が始まっています。旅行ガイドとしてもオススメ。

出川卓＋出川通著　　四六判並製　定価 1600 円＋税

978-4-86565-250-5

【増補・決定版】
江戸時代のハイテク・イノベーター列伝
「近代日本」を創った 55 人のエンジニアたち

江戸時代にはこんなに多くのイノベーターがいた！　江戸時代の科学技術の蓄積なくしては明治維新もその後の日本の発展もなかった。日本のイノベーションのために先人が活躍した時代に思いを馳せ足跡をたどる。

NPO 法人 テクノ未来塾
＋出川通編著　　Ａ５判並製　定価 1900 円＋税

978-4-905369-42-4

平賀源内に学ぶ イノベーターになる方法

平賀源内の発想法・生き方が、現在の日本と日本人を活性化する。学者、発見家、発明家、エンジニア、起業家、ネットワーカー……改革者として源内がなしたことを検証し、現在に生かすヒント・方法を導き出す。

出川通 著　　四六判・並製　定価 1500 円＋税